KB061664

流風 金大源 著

깨어라 날아라

求道의 종착지

이 글은 깨달음을 사모하는 이들을 위한 것이다.
이 글을 읽다보면 삶의 지혜가 솟구칠 것이다.
이제 그만 껍질(틀)을 깨고 날아오르자.
아무것도 모른 채 썩어버리기 전에….

도서출판 말씀사역

머리글

나의 어린 시절만 해도 물이 더럽다거나 공기가 오염 된다는 것은 개념도 없었고 상상도 할 수 없었다. 그런데 지금은 물을 가려 마셔야 하고 숨도 마음대로 쉴 수 없으니 인류는 도대체 무슨 일을 저질러 놓았는가. 사람의 귀로 듣지 못할 뿐이지 산천이 통곡하고 바다가 신음한다.

인류 문명은 이기심의 열매라 진리는 그 흔적 하나 찾아보기 어렵다. 우주 유일의 녹색행성 지구촌의 몰락을 눈앞에 빤히 보면서도 위기를 지연시킬 수많은 대책 중 어느 하나 합의를 이루지 못하고 있다. 이기심의 전쟁 때문에…. 이는 선악의 문제가 아니라 무지 때문이다.

지구상의 종교는 그 수를 헤아릴 수 없지만 본래 그 대상(진리, 신)은 하나뿐이다. 그런데 저들은 왜 하나가 되지 못하는가. 웬만한 이는 다 알고 쓴 웃음 짓는데….

의학사전에 병명이 수만 가지나 되고 그에 따른 약이나 치료법은 병의 종류보다 훨씬 더 많다. 그러나 병은 하나뿐이며 약도 하나뿐이다. 단돈 천원짜리 만병통치약이 있다 해도 세상에 풀어 놓을 수가 없다. 이유는 누구나 짐작할 것이다.

미디어(신문, TV, 잡지…)는 광고로 유지하는데 광고나 디자인의 속내가 무엇인가 포장 아닌가 대중의 각성이 절실하다.

우리는 대게 모든 일은 전문가나 전문기관에 맡기는 것이 상식이다. 병이 나면 병원에 공부는 학교나 학원에 천당이나 극락은 종교에….

아니다! 내가 알고 내가 해결해야 한다. 문명의 쇠뇌에서 벗어나야한다. 성인들이 주장한 깨달음이 일상이 되어야 한다. 거창한 것 같지만 의식의 문제로 간단한 문제다.

요즈음 전통적 종교관은 급격히 쇠락하고 물신의 반작용으로 정신세계에 관심을 가지는 이들이 늘어나고 있다. 너무나 다행스럽다. 그들은 인류의 위기 탈출에 반드시 기여하리라.

7,000여년전 한웅천제께서는 백성이라면 누구나 깨닫게 하기 위하여 천경신고를 가르치며 효와 수련을 일상화시켰다. 효와 수련은 천손인 우리 민족만의 독특한 문화다. 효란 조상에 국한됨이 아니고 하늘(진리, 하나님) 공경이다.

깨달음이 없으면 인류는 몰락을 면키 어려울 것이다. 개인은 인생의 괴로움과 죽음의 두려움을 극복할 수가 없다. 이 글은 깨달음을 사모하는 이들을 위한 것이다. 이 글을 읽다보면 삶의 지혜가 솟구칠 것이다.

이제 그만 껍질(틀)을 깨고 날아오르자. 아무것도 모른 채 썩어 버리기 전에….

귀 있는 분이 몇 분 계셔서 저자에게 큰 기쁨이다. 김진수, 김종택, 구원식, 권용만, 최재환, 장수남, 김인숙….

차례

제 2 장 몸

제 3 장 뿌리

제 4 장 옥서(玉書)

제 5 장 최초의 경전

제 6 장 옛향기

부록

제 1 장

마음

우주에는 딱히 무엇이라 이름을 붙일 수는 없지만 절대 진리가 존재한다.

이를 두고 종교는 여호와, 부처, 알라… 등 제각기 이름을 붙였고, 동양의 각자(覺者)들은 이를 도(道)라 했다.

인생을 고해라지만 진리를 알면 기쁨이요 지복이다.

'진리를 알지니 진리가 너희를 자유하게 하리라' 예수의 외침이다. 인간의 진정한 바램은 아무런 구속도 없는 상태 아닌가!

진리를 알지 못하면 마음은 자신을 괴롭히는 마귀의 음성이 되어 일생동안 나를 끌고 다닌다. 인간의 대부분이 자신의 주체적 삶을 살지 못하고 생을 마치는 것이다.

1. 거듭남

사람은 두 번 태어나야 그 생명이 완성된다. 그 처음이 핏덩이로 모태에서 나옴이다. 그것은 완성이 아니다 다시 한 번 태어나야 한다.

커다란 생명의 수레바퀴인 자연 속에서 그 징조를 볼 수 있다. 알은 껍질을 깨고 다시 나야 기거나 날 수 있고 곤충도 허물을 벗고 다시 나야 나무에 오를 수 있다. 사람도 마찬가지로 다시 한 번 태어나야 한다.

어느 철인이 말했다. 사람은 인생에 가장 중요하고 가장 필요한 지식은 놀랍게도 하나도 모른다고. 그 지식은 자기 자신에 관한 지식이다. 다시 태어남 즉 거듭남에 대한 지식이다. 사람은 나에 대해서는 전혀 모른 채 나 외에 것은 모두 알려고 한다. 나를 모르는데 나 밖에 것을 어떻게 알 수 있나, 고로 인간은 아무것도 모른다.

불교의 '무아론' 유교의 '본성론' 기독교의 '중생론' 소크라테스의 '너 자신을 알라' 등은 모두 나는 무엇이며 나는 누구인지 나에 대해 알라는 뜻이다. 나를 아는 것 이것이 다시 남이요 거듭남이다. 알의 껍질(틀)을 깨고 나와 하늘을 나는 것이다. 알 속에서 손톱만한 자기세계 속에서 펼치는 인류의 마음 장난 지식 놀이는 과학이라는 미신으로 지구촌 몰락의 위기를 코앞에 가져다 놓았다.

나를 모르는 개인의 삶 또한 언제나 위기가 엄습해있다. 어떻게 나를 알고 거듭날 수 있을까? 단답식으로 말할 주제도 아니고 말해도 이해되지 않는다. 느긋하게 책장을 넘기다 보면 저절로 알게 될 것이다.

2. 본성(本性)

트러블, 갈등, 상처, 고통, 불행… 이런 것들이 왜 발생하며 그 원인은 무엇일까?

우리는 대개 그 원인을 밖에서 찾으려고 한다. '누구 때문에', '무엇 때문에', 그러나 이것은 답이 아니다. 너무나 틀린 답이다. '무엇 때문에'를 해소하기 위해서 터무니없는 고생을 하고, '누구 때문에'로 인하여 얼마나 많은 갈등과 상처를 입혔던가!

인간은 누구나 스스로의 본성(본질)을 모른 체로 살아간다.

생명의 본질을 모른 체로 집착이 자신의 삶을 헤쳐나가는 에너지의 원천으로 작용해 왔다. 한 사람의 성격은 그 사람의 내면의 집착이 겉으로 들어난 모습이다.

집착은 오랜 경험에 의한 생각(마음, 구별, 판단)의 결정(結晶)으로, 앞서 말한 모든 문제의 원인이 된다.

사람의 성격이란 타고난 환경, 성장과정, 사회적 고정관념, 가치관 등에 영향을 받으며 근본적으로는 자기의 보존본능에 의존한다. 생명의 본성을 모르기에 삶의 근원에는 죽음에 대한 두려움에서 벗어나기 위하여, 대상을 통해 자기존재를 확인하려고 한다.

자기존재를 들어내는 방법으로 대상에 접해 끊임없이 감정(五慾七情)을 일으켜 대상에 작용하고, 자신이 또 어떻게 이에 대하여 반작용할지를 생각한다. 그 안에는 헤아릴 수 없는 갈등이 항상 존재한다.

결국 인생의 모든 문제는 생명 본성에 대한 무지(無智)때문이다. 우주는 커다란 생명체, 그 작용은 위대한 생명력이다. 모래(지구)위에 붙어 잇는 인간들! 그 개체들의 의미나 존재는 무엇일까? 인간은 우주의 하나의 생명세포에 불과한 것이다. 개체로서의 존재의 미나 목적은 없다. 인간에게 일어나는 모든 문제와 인생고(人生苦)는 우주에서 분리된 개체적 사고에서 출발한다.

이제 한 번 생각해보자!

나라는 개체는 생명을 위해서 할 수 있는 일이 무엇인가?

할 수 있는 일이라고는 하나도 없다. 숨 쉬는 일, 맥박을 뛰게 하는 일, 기혈순환, 음식 소화…. 내가 할 수 있는 것은 고작 입 안에 음식물을 넣는 것, 아니 그 조차도 내 자율신경계에 의하여 지배됨을 알아야 한다.

머리카락을 1cm라도 자라게 할 수 있는가?, 손. 발톱은 자라지 못하게 할 수 있는가? 가장 중요한 사실은 이것은 모두 우주(생명의 본성)가 하는 것이다. 이 얼마나 위대하고 놀라운 사실인가!

우주의 모든 생명체는 둘이 아닌 하나(不二)이다.
인류는 이처럼 불이(不二)를 알아 가는 과정에 있다.

삶이 고통스러운 것이라면 그 틀을 벗어버리라!
나는 나 홀로 있는 개체가 아니다, 이 광활하고 신비로운 우주 생명을 알자! 생명의 본질인 우주를 향해 내가 들어갈 문을 열어 젖혀보자! 우주의 위대한 생명력을 따라 구름처럼 흘러가보자! 정처없이 이렇게 흐르다 보면, 마치 나뭇잎에서 맺힌 물방울 하나가 심산유곡을 거쳐, 시냇물이 되고, 그 시냇물이 강을 이루고, 그 강물이 마침내 대양에 이르듯이, 우리의 본성도 대우주의 생명 바다에 이르게 될 것이다.

가능한 한, 하루에 일정을 시간을 정하여서 30분 정도만 가장 편안하고 이완된 자세로 눈을 감고 앉아 있어 보라. 곧 나라는 틀이 사라지고 전체의식(우주의식)에 잠겨 드는 자신을 보게 될 것이다.

본성에 대한 깨달음은 좀 늦을지라도, 몸의 질병은 모두 물러

갈 것이다.

이 마음의 틀을 깨뜨려버리는 것이 타고난 사주도 질병도 물리칠 수 있는 우주의 치유법이다.

틀이 없는 마음을 가질 때 건강해질 것이요, 매사가 긍정적인 방향으로 자연히 풀릴 것이며, 온전한 인간관계를 만들 수 있는 것이다.

3. 귀일(歸一)

옛말에 만법귀일(萬法歸一)이니 회삼귀일(回三歸一)이니 하는 말 들이 있다.

세상만사 모든 것은 결국에는 하나로 돌아간다는 말이다.

만법(萬法)도 삼재팔난(三宰八難)도 하나에서 왔으니 모든 것이 하나로 돌아간다는 뜻이다. 죽은 이를 가르켜서 우리는 돌아가셨다 한다. 일장춘몽이니 인생은 나그네니 하는 말들도 다 같은 맥락이다.

예수님이나 석가세존은 설(說)을 하실 때에 많은 비유를 들었다. 특히 예수님은 다양한 사물을 비유로 들어서 무지한 대중에게 깨우침을 주셨다. 포도나무, 양, 비둘기, 겨자씨, 밭, 좁은문, 집, 반석, 우물… 등등. 이 비유들 하나 하나가 어떤 사실(진리)를 쉽게 이해시키려고 한 것이겠지만, 비유가 아니고는 거의 언급하지 않은 이유는 무엇일까?

비유를 다른 말로 우의(寓意), 우화(寓話)라 한다. 여기서 우(寓)자는 머무른다는 뜻을 포함하고 있는데, 이는 집을 떠나 여관이나, 객지의 숙소에 잠시 머무름을 뜻하는 말이다. 즉, 비유(우의, 우화)는 이처럼 돌아갈 집을 전제로 한 것이다.

여관의 침대나 장식이 좋다고 이를 애지중지하면서 그곳에서 머물러 살려고 한다면 이 얼마나 우스꽝스러운 일인가?

예수님께 이 세상은 여관이었던 것이다. 모든 비유는 여관의 장식품을 통하여 돌아갈 집을 설명했던 것이다.

비유란 말의 영어 표현은 Metaphor, meta(over) + phora (carrying) 인데 즉, '위로 올려 보내다'는 뜻이다.

동서고금의 성현들의 말씀은 인간의 정신이나 마음을 하늘로 향하게 한다. 성인(聖人)들은 아마도 그 귀와 입을 하늘에 드린 것을 보니 하늘의 소리를 듣고 전하셨나 보다.

4. 최초의 경전(最初의 經典)

지구상의 수많은 인류 종족 중에는 아주 독특하고 신비스런 종족이 있었다. 이 민족이 국가를 세우면 수 천 년을 지탱했다. 중국 역사의 한족(漢族)들의 국가는 길어야 몇 백 년이었음에 비하면 가히 경이적이었다고 할 수 있다. 후대에 이들의 민족얼이 퇴색될 즈음에 마지막 왕조가 세운 역사는 오백 년이었다.

이 독특한 민족의 얼은 경전(經典)에 있었다. 그들은 국가를 세우면 반드시 왕이 백성에게 경전을 전해왔다. 왕마다 다른 경전을 세운 것이 아니라, 이 민족의 최초의 나라에서 최초의 왕이 세운 경전의 내용을 그대로 전하여 왔던 것이다.

그러하였기에 이 민족의 DNA에는 근 일만 년을 들어온 경전의 내용이 고스란히 심어져 있다.

이들이 도대체 누구란 말인가?

이름하여 그들을 천손(天孫)이라 부른다. 오늘날 이 자랑스러운 대한민국을 이루고 있는 우리들 모두를 가리키는 말이다. 안타까운 사실은 본인들은 정작 그러한 사실을 모르고 있다는 것이다. 우리의 조상이 세웠고 통치하였던 그 나라가 인류 최초의 국가였으며 인류문명이 우리 조상들의 경전에서 나왔음에도 말이다.

우리 민족의 얼을 이제는 회복해야 될 때가 된 것이다.

일제의 강점기 동안 일제에 의하여 침탈에 의한 우리들의 고귀한 민족사는 찢겨진 깃발이 되어 버렸고, 해방 후 그 시절 활개 치던 친일파 잔당들이 이 나라의 교육을 맡으면서 위대한 한민족의 얼은 그 색깔이 바래져서 역사의 뒤안길을 헤매고 있으니 참으로 개탄스러움을 금 할 길이 없다.

아! 대한이여, 언제쯤이면 우리들 자라나는 후손들에게 그 동방의 찬란한 문화를 이루었던 우리들 조상들의 위업을 이야기로 가르칠 날이 오겠는가?

현해탄 넘어 왜(일본)은 아직까지도 없는 역사를 조작해 내고 있고, 두만강 너머 지나족(중국)은 동북공정이라는 말도 안 되는 역사를 날조하고 있질 않는가!

천손경전

국가	왕	경전
한국(韓國)	한인(桓因)	천부경
배달국(配達國)	한웅(桓雄)	천부경, 삼일신고, 참전계경
조선(古朝鮮)	한검(檀君)	단군팔조교

5. 주역

매일 새로운 제목의 책들이 무수히 쏟아져 나온다.

1년 10년 100년… 도대체 그 양이 얼마나 될까?

그러나 그 책들의 생명은 길어야 5년이다. 고전의 가치와 중요성을 절감한다. 고전 중에도 경(經)의 반열에 든 책들은 수천년을 인류와 함께 있어왔다.

그 대표적인 것이 역경이라 불리는 주역이다.

주역은 종교를 초월한다. 유불선의 대가들은 하나같이 주역의 대가이기도 하다. '건은 원형이정(乾은 元亨利貞)이라' 주역의 첫 구절이다. 일이관지라 했다. 경의 첫 구절은 온전히 이해한다면 전체를 알 수 있다.

건이란 우주(생명)의 설계도(하나님, 진리, 불성…등)이다.

원형이정(元亨利貞)이란 춘하추동, 인의예지, 생노병사, 소청장노…등이다.

진리란 무엇일까? 한마디로 만물은 원형이정을 반복한다는 말이다. 인류는 삶이 두려워 집단과 문명을 이루었고 죽음이 두려워 지역마다 종교를 발달시켰다. 진리부재의 허약한 자화상이다.

범부여! 삶과 죽음을 두려워 말자. 원형이정은 반복한다. 겨울이 지나면 봄이 오듯이 사(死) 다음엔 생(生)이 온다. 주역의 근본은 지사생지설(知死生之說)이다. 모든 종교의 근본도 지사생지설이다. 소혜가 양명에게 사생지도(死生之道)를 물으니 지주야지도(知晝夜之道) 즉 사생지도(死生之道)라 했다.

주역 계사전 4장의 핵심 내용이기도 하다.

6. 득도(得道)

득도(得道), 도통(道通), 참으로 거창한 말이다.

뉘라서 감히 이런 주제를 논할 수 있을까?

동서고금을 막론하고 그 많은 현자(賢者)와 철인(哲人)들이 도(道)를 얻으려고 모든 것을 버린 체로 일생을 바치질 않았던가?

거대하고 요원한, 아니 어쩌면 불가능한 명제로 일반에게 인식이 되어 있지만, 또 다른 편에서 보면, 역(逆)으로 도통여반장(道通如反掌)이라는 말도 있다.

도를 통하는 것은 마치 손바닥 뒤집기와 같다는 말이다.

그러나 그것은 사실이다.

그러면 세상사람들은 말하기를 '말도 안 되는 소리, 어떻게 그럴 수 있냐?'고 반문할 것이다. 단군 할아버지는 도(道)를 우리 선조들의 손에 꼭 쥐어 주셨다. 절대로 잊어버리지 말라고 도(얼)를 가르치셨다.

도(道)가 살아있을 때는 한국(韓國), 배달국(配達國), 고조선

(古朝鮮), 고구려(高句麗)까지는 저 중원을 포함한 대륙을 다스렸으나, 이 도(道)가 머리속에서 잊혀지고 국력이 쇠락해져 지금은 그 영토가 한반도, 그것도 반쪽에 이르게 된 것이다.

우리의 얼을 되찾아보자!

인간은 정신이 55%, 육신이 45%로 되어 있건만, 어찌하여 그 얼(정신, 도)은 다 잊어버리고 눈앞의 물질에만 눈이 멀어 이득(利得)에 급급하다 생(生)에 위기를 자초하는 얼빠진 얼간이가 되었을까.

아, 원통하다!

단군 할아버지가 하느님께 제사 드리던 참성단(塹星壇)은 그 이름을 중국에서 흘러온 도교가 차지하고, 한웅천황을 모시던 사당은 대웅전이란 이름으로 인도에서 건너온 불교가 쓰고 있으며, 한민족의 잠재의식 속에 내재된 하나님을 기독교는 전도라는 목적으로 그 이름을 빌려 쓰고 있으니 이 아니 통탄스러운 일이 아닌가!

가위, 바위, 보!

이것이 한민족의 손에 쥐어주신 단군의 도(道)다!

이 가위, 바위, 보가 곧 천지인(天地人)이요, 바로 삼신(三神)이다. 삼신의 화현(化顯)이 한인, 한웅, 단군이시다. 일석삼극(一析三極)이요, 회삼귀일(回三歸一)이요, 원. 방. 각(圓. 方. 角)이다. 이는 천부경(天符經)의 말씀이니 곧 하나님의 말씀일지라!

7. 씀(用)

돈이나 물질 그 자체에는 선악이 따로 존재하질 않는다.

이것을 우리가 어떻게 쓰느냐가 문제다. 잘 쓰면 활인(活人)하고, 잘 못쓰면 살인(殺人)한다.

물질을 필요한 곳에, 필요할 때에 올바르게 쓰려면 상당한 수양이 쌓여야만 가능한 일이다.

성인이나 경전(經典)의 말을 우리는 '말씀'이라고 하고, 사람들이 보통 하는 말은 그냥 '말'이라고 한다. 왜 그렇게 하는 것일까? 성현들은 말을 적재적소(適材適所)와 적당한 때에 말씀을 하여 이치(理致)를 알려주고, 활인(活人)하지만 범부(凡夫), 즉 보통사람들은 말로 인하여 많은 실수를 하고 상대에게 많은 상처를 남기는 것이 다반사이기 때문이다.

말하는 입과 혀의 주인은 나 자신이다. 내 것을 내 마음대로 해서 잘 다스리고 통제를 할 수 있어야 하는데도, 우리는 내 것을 내 마음 대로 하지 못하고 있는 것이다. 입도 혀도 내 것이니, 필요한 곳에 또한 필요한 때에 씀으로 해서, 비록 성현은 되지 못할지라도

'말씀'에 가깝도록 해보자.

이 보다 더 중요한 것은 바로 마음이다.

말은 바로 마음에서 나온다.

마음은 곧 번뇌의 공장이다.

걱정하고, 근심하여, 두렵고, 불안하고, 울고, 웃고, 화내고, 괴로워하고, 사랑하는 이 모든 것의 총제가 108가지라고 불교의 가르침은 이를 일러서 108번뇌라고 한다.

'말'과 '말씀'이 있듯이 마음 또한 '마음과 마음 씀'이 있다.

마음이 내 것임이 분명하다면, 발심(發心)하는 데로 날뛰다가 파국에 이르지 말고 필요한 때에 일으켜서 필요한 곳에 써야 한다.

이것이 바로 바른 '마음 씀'이다.

마음이 무차별 발동하여 통제하지 못하면 곧 일의 그르침을 가져오게 되고 패가망신의 지름길이 될 뿐만 아니라, 자아성취는 날로 멀어져 갈 뿐이다.

이것을 명심, 또 명심하면 성인은 아닐지라도 마음을 바르게 쓰는 자는 되리라!

8. 홍익인간(弘益人間)

홍익회, 홍익대학 등, '홍익'이라는 낱말은 아직 다행하게도 살아있다. 그러나 그 뜻을 바로 아는 이는 드물다.

개념의 정의는 국어사전에 '널리 인간을 이롭게 함'이라고 되어있다. 도대체 무슨 말인지 잘 모르겠다.

암 전문병원의 의사들도 암에 걸려서 죽기도 하고, 안과에 가보면 대다수의 의사들은 안경을 쓰고 있다. 홍익대학교에 가서 물어보면 확실한 홍익을 알 수나 있을까?

홍익인간의 참 뜻을 알려면 그와 연관된 다른 말들과 함께 살펴야한다. 한민족의 경전인 '삼일신고(三一神誥)' 등에 보면 성통광명(性通光明), 재세이화(在世理化), 홍익인간(弘益人間), 성통공완(性通功完)이라는 말이 있다. 이와 관련하여 짝지어진 말이다.

성통광명(性通光明)이란 본성과 통하다. 즉, 종교적으로 말하자면 하나님, 부처님과 직접대화의 통로를 열었다는 뜻이다. 이는 종교와 수련의 최종 목표이지만 한민족(韓民族), 다시 말하여 천손(天孫)에게는 '홍익인간'을 이루기 위한 초보적인 단계일 뿐이다.

재세이화(在世理化)란 성통광명(性通光明)한 이들이 격물치지(格物致知 ; 사물의 이치를 익히 알아 확고히 함) 함으로서 환경(자연)을 인간에게 최적화 하는 것이다. 바로 그 재세이화(在世理化)의 결실이 홍익인간(弘益人間)인 것이다.

비로소 인간(생명)이 행복하게 살 수 있는 것이다.

생명체가 행복을 누릴 때, 하나님의 뜻이 다 이루어진 것이다.

즉 성통공완(性通功完)이 되는 것이다.

우리 모두가 행복을 누리며 사는 홍익인간, 그 이상이 실현된 사회가 하나 있었으니 그것은 곧 '두레'였다.

아! 지구상에 어느 민족, 어느 종교, 어떤 사상이 이처럼 분명하고도 합리적인 가르침이 있었던가! 오늘도 우리는 우리에게 오기를 바란다. 그 이름 '홍익인간' (弘益人間)

9. 무자진경(無字眞經)

무자진경(無字眞經)이란, 참 경전에는 글이 없다. 달마노조(達磨老祖)의 게송에 나오는 말이다.

그 후반부에 보면,

달마서래일자무(達磨西來一字無)
전빙심의용공부(全憑心意用功夫)
약요지상구불법(若要紙上求佛法)
필첨잠건동정호(筆尖潛乾洞庭湖)

그 뜻은,
달마가 서천에서 한 글자도 가져오지 않았으니
오로지 심의(深意)에 의지하여 공부하라
만약 종이 위에서 불법을 구하려 한다면
동정호 호수에 붓끝을 찍어서 말리려무나!

즉, 경전의 글을 읽어 무엇을 깨달을까 생각하지 마라!는 구도(求道)의 방법을 이르는 말이리라.

깊이 이해를 하지 못하는 종교인들에게 힐난의 소리를 들을 수도 있다. 그러나 어찌하랴, 그것이 사실인 것을….

이 땅에 존재하는 모든 종교는 자신들이 믿는 경전을 다 가지고 있다. 또 그것만이 참 진리라고 말한다. 세상의 사람들이 말하는 진리는 객관타당성과 그 명확한 기준이 없으니 그럴지도 모른다. 모든 것은 자신이 깨우쳐 아는 만큼만 보이는 것이 아니던가?

그러나 무어라고 해도, 참 진리는 가까이에 있다.

눈만 뜨면 보이고, 피부에 접해있다. 경전에 평생을 매달린다고 얻어지는 것은 아니다. 그런 것은 아니다. 구원이나 해탈이 틀과 형식의 순서를 다 한다고 해서 온다고 하는 어리석은 생각은 이제쯤은 버릴 때도 되지 않았는가?

우리가 찾으려는 진리는 늘 우리 안에, 그리고 우리 밖에 늘 존재하는 이치를 깨달을 시간이 찾아온 것이다.

우리는 시공간(視空間)에 살아가고 있다.

그러면 시간이란 무엇인가?

이해를 돕기 위해서 다른 말로 표현해 보면 '변화'이다.

이 변화란 춘하추동(春夏秋冬)을 뜻한다.

우주를 포함하여 그 안의 무량수(無量數)의 개체들은 주기(周期)의 차이만 있을 뿐, 그 무엇이든 춘하추동을 겪는다.

오행(五行)의 목화금수토(木火金水土)도, 주역의 원형이정(元亨利貞)도 춘하추동을 의미한다.

태어나고, 꽃피고, 열매 맺고, 갈무리된다. 이 모든 것은 새로운 재탄생을 위해서이다. 이것이 자연의 시간적 의미이다.

시간은 우리에게 보다 확실한 두 가지를 가르친다.

그 첫째는 보이는 '현상에 집착'하지 말라이다. 왜냐하면 보이는 것들은 곧 변해 버리기 때문인 것이다.

그 두 번째는 '꽃은 목적이 아니다'이다. 왜? 꽃은 열매를 나누기 위한 기초이기 때문이다.

다음은 공간이란 무엇인가?

이 또한 다른 말로 바꾸어 보자.

공간이란 음양(陰陽)이다. 손바닥으로 허공을 저어 보라, 분명 저항을 느낀다. 공간은 음양의 기운으로 가득 차 있다. 음양의 입자는 서로 부닥치며 끝없이 돌고 있다. 이러한 음양의 조우(遭遇)는 무수한 개체의 생멸(生滅)을 무한히 거듭하고 있다.

극미(極微)와 극대(極大)의 세계는 우리들의 경험 밖이다.

그렇다면 경험 안의 음양의 세계를 한 번 보자.

남녀가 서로 만나 자식을 창조 하고, 선악이 서로 부딪치며 사랑을 만든다. 낮과 밤이 교차하면서 하루를 만들어 낸다. 공간도 우리에게 분명한 가르침을 준다. 공간은 상대성원리의 세계이다. 상대가 없는 창조란 있을 수 없다. 그 상대는 적이 아니다.(선악이 원론).

집착하는 이는 시간이 무엇인지 모르는 사람이다. 적개심이 드는 사람은 공간이 무엇인지 모르는 사람이다.

이 집착과 적개심이 나를 고통과 질병으로 인도 한다

10. 도깨비 방망이

동물들은 태풍이나 지진 등 자연재해를 미리 알고 피한다는 사실은 언론 등의 보도를 통해 이를 상식적으로도 알고 있다.

컵에 들어 있는 물에다 대고 욕설을 하면 물 분자가 파괴 되고, 화초에 대고 욕을 하고 미워하면 곧 시들어 말라 죽는다.

어떤 농부가 밭을 넓히려고 가장자리에 있는 나무를 베어 버리려고 생각했다. 그런데 우연히 그 이웃집에 살던 친구는 식물에도 의식이 있는 지를 연구하던 사람으로 그 나무에 식물의 파장을 감지하는 계기를 설치하였는데, 바늘이 심히 움직이는 것을 발견하고 나무를 베려는 친구에게 왜? 저 나무를 베려고 하냐고 물었다. 그 친구는 깜짝 놀랐다. 왜냐하면 자기가 나무를 베려는 생각을 친구에게 말 한 적이 없었기 때문이다.

자초지종을 들은 이 친구는 나무를 베는 것을 포기하였다. 그러자 그 나무의 측정기 바늘의 떨림이 신기하게도 멈추었다.

어찌 보면 이 대목은 인간이 동식물보다 훨씬 무지함을 나타내고 있다. 쥐나 원숭이들은 자연재해를 어떻게 예견하며, 나무는 어찌 농부의 마음을 알아차렸을까?

그리고 그 알아차림에는 분명 어떤 과정이 있을 텐데, 그 과정은 어떻게 이루어지는 것일까? 만물의 영장(靈長)이라는 인간은 왜 그것을 알지 못할까?

필자의 생각으로는 분명 인간도 이런 능력을 오래 전에는 지녔지만, 교육이라고 하는 틀이 생겨난 후, 그 기능이 퇴화되었을 것으로 본다.

알아차림의 과정은 이러하다.

우주는 항상 파동하고 있고, 동식물의 수신안테나는 그 파동을 감지한다. 그리고 그것은 뇌에 전달되어, 뇌는 행동을 지시한다.

뇌는 몸 전체의 명령기관이다. 만약 위가 아프다면 위에 문제가 있는 것이 아니라 위장을 담당하는 뇌 세포에 문제가 생긴 것이다. 위에 나타난 이상 징후는 위 담당 뇌세포의 이상인 것이다.

즉, 위 치료(의학)는 근본적인 것이 되지 못하여 다시 재발하게 되는데, 이것이 그 증거이다. 이는 위에 어떠한 치료제를 넣을 것이 아니라 뇌의 위를 담당하는 세포를 정상화 시켜야한다.

아니 그것을 무슨 수로 한다는 말인가?

그러나 방법은 의외로 간단하다.

의식으로 하는 것이다.

의식은 파동이라서 뇌에 전달하는 순간 즉시 정상화 된다.

뇌는 의식에 따라 움직이는 존재다.

그 예를 보면 "사막의 라이언"이라는 영화를 상영하는 동안, 그 관람객들이 나라마다 엄청난 음료수를 소비하였다. 영화일 뿐인데도 사람들은 진짜로 더움을 느꼈었고 또 실제로 음료수를 마신 것이다. 이러한 현상은 겨울에도 마찬가지였다.

우리의 뇌는 이처럼 생각만 하면, 그 생각대로 움직여 주는 정말 착한 바보다. 몸이 아파서 고통 받는 이들이여, 이 바보 뇌와 친하게 지나보시도록 하라!

11. 한얼

사랑, 자비, 도덕, 종교 등을 말하면서도 인간의 속마음은 누구나 부자가 되어서 걱정 없이 살려고 하는 것이다.

그런데도 모두가 하나같이 오늘도 왜 근심, 걱정, 염려, 마음의 고통들을 겪으면서 살고 있을까? 이것은 돈이 많은 부자라고 예외는 아니리라.

우리가 살고 있는 우주는 성령, 불성, 흑암, 물질… 등으로 꽉 채워져서 움직이는데 그 원리를 한 마디로 '한얼'이라고 필자는 말한다.

아인슈타인이 상대성 원리를 발견한 것은 그가 천재여서가 아니라, 단지 한 가지 일에 정신을 집중하여 위대한 발견을 한 것이다. 이것을 필자는 '한얼'이 그에게 응한 것이라 한다.

이는 명창들의 득음(得音)도, 예술가들의 영감(靈感)도 매 같은 원리이다.

집중하라! 그리고 또 집중하라!

집중(集中)과 집착(執着)은 다르다.

집중은 무엇을 알려는 것이고, 집착은 무엇을 가지려는 것이다.

집중(集中)은 삼매(三昧)를 거쳐서 곧 밝음과 깨달음에 이르는 것이며, 집착(執着)은 고통(苦痛)을 일으켜서 어두움과 사망으로 가는 것이다.

한얼은 창조와 풍요, 그리고 풍성한 사랑이다.

독자들이여!

지금 이 순간, 이 자리에서 한얼에 집중하라, 지난 과거는 깨끗이 잊어버리라. 과거는 존재하지 않는다. 다가올 앞일들을 염려하지마라. 죽은 후에 천당에 갈지, 지옥에 갈지를 미리 걱정하지마라. 그것은 이미 결정되어 있다.

지금 그대의 생각이 지옥 같은 생각이면 앞으로도 지옥으로 갈 것이요, 지금 그대의 생각이 천당이면 앞으로도 천당으로 가리라.

전생도, 현생도, 내생(來生)도 다 돌고 도는 우주의 이치처럼, 그저 자리바꿈할 뿐 이생에서는 이생의 기쁨만을 생각 하시기를…

자! 여기 천국으로 가는 특급 열차가 있으니 지금 빨리 올라타세요! 필자는 종교에서 말하는 추상적인 의미로 하는 것이 아니다. 역술가들처럼 잠시 혹세무민(惑世誣民)하는 것이 절대로, 절대로 아니다.

그런데 어떻게 올라타는지를 알려드리고자 한다.

그 방법은 한얼에 집중하면 되는 것이다.

그리고 우주가 한얼이니, 모든 것의 있어짐에 진실로 감사하라!

돌 하나, 풀 한 포기, 호흡할 수 있는 공기, 마시는 물, 나를 위하여 만들어진 작은 오솔길, 지저귀는 숲 속의 새 한 마리, 피어나는 새싹들, 풀잎 위에 굴러 떨어지는 이슬 한 방울, 그리고 사람들, 아내, 남편, 자식, 형제, 친지, 이웃들, 민족과 나라, 두 눈에 보여지고 두 귀로 듣고 두 콧구멍으로 냄새 맡는 그 모든 것들을 한 개의 입으로 감사하면서 외치라!

나는 우주요, 나는 한얼이라고.

말대로 된다. 말이 씨앗이 된다고 했다. 그 씨는 곧 자라나서 잎이 나고 꽃이 필 것이며, 곧 열매 맺고, 다음을 향한 새로운 생명으로 재창조 될 것이다.

감사! 감사! 또 감사하면,

그대의 마음에는 지금 새로운 천국이 열리고 있는 것이다.

천국, 극락에 가기를 진실로 원한다면, 진실로! 진실로 이 우주의 있어짐에 대하여 감사하라!

12. 씨 놀음

씨, 씨앗, 말씨, 솜씨 … 삼라만상은 모두 씨놀이를 하고 있다. 아저씨는 씨를 심고, 아주머니는 씨를 받아서 아기 주머니 속에서 키우고, 춘하추동 사계절 맨 처음은 땅에 씨를 뿌리고 나면 때를 맞추어 생장순환하고 있다. 씨름이란 종족보존을 위하여 수컷끼리의 다툼에서 우위를 가리는 힘의 대결인데, 이것 또한 씨놀음을 하여 누가 그 씨를 심을 종족보존의 승자가 되느냐를 가리는 데서 출발한 것이다. 동물들은 그 싸움에서 승리해야만 암컷을 거느리는 자연계를 보라! 이 모든 것들이 모두 다 씨를 퍼트리기 위한 자연계의 처절한 몸부림인 것을…, 이 씨놀음이 씨름이다.

우리는 이 씨라는 말을 줄곧 입에 달고 산다. '성씨가 무엇인지요?', '그 사람 마음씨는 참으로 순수해', '저 처녀 한복을 입은 맵씨(맵시)좀 보세요', '그 솜씨는 참으로 놀라워', '형씨 참 미안합니다', '여보, 오늘 날씨는 어때요', '저 친구 글씨를 잘 써요', '거기는 불씨가 아직 남았나요?', '그 언니는 말씨가 참 고와', '마음씨를 바로 써야 성공을 하지', '상추씨를 뿌려야지', '아저씨, 아가씨(아가를 낳을 처녀)'등.

이것이 우리말만이 지니는 말의 뉘앙스 속에 담겨진 철학이다. 참으로 놀랍지 않는가! 세계의 어느 나라 말도 이런 표현에서 '씨'라는 정확한 개념을 도출해 낼 말은 없다. 오직 천손(天孫)만이 구사할 수 있는 언어이다.

그러면 이제 씨(씨앗)의 속성을 알아보자.

이 씨는 어디엔가 뿌려지면 싹을 틔우게 되어있다. 싹을 틔우는 것은 자기의 생명은 죽고 열매를 열어 더 많은 씨를 얻기 위함이다. 따라서 나의 솜씨 글씨 말씨 마음씨는 좋은 열매를 많이 열리게 하는 씨앗이어야 한다.

13. 이름값

한글이 무엇인지 먼저 알고 이 글을 읽어야 하겠으나 이는 다른 난으로 남겨 두고 본제의 이름값이나 알아보자.

'이름값 좀 해라', '나이 값 좀 해라', 무슨 말인가? 어린이, 젊은이, 늙은이 등의 '이'는 사람을 뜻한다. 사람은 저를 보내준 그이(하나님, 진리….)를 그리며 살아간다. 이성, 부모형제, 고향… 등, 세상의 모든 그리움은 기실 그이에 대한 그리움이다.

인생의 허전함과 허무함은 그이가 아니고는 세상의 그 무엇으로도 채워지지 않는다. 인간의 욕망도 갈등과 다툼의 원인도 그 이를 찾지 못한 반작용이다.

그것은 왜일까?
'이'의 'ㅇ'은 무(無)요, 'ㅣ'는 (有)다. 영과 육, 하나님과 피조물이다. 본래 그리 왔으니 그이를 그리워 할 수 밖에…

'이름'은 '이르름'이다. 이르름은 '도달, 성취'를 의미한다. 사람은 창조주인 그에게 이르러야 하는 존재이다. 사람이 창조주인 그에게 이르지 못하면 아무것도 이룬 것이 없다. 그이에게 이르름만이 사람의 완성이요, 성취요, 성공인 것이다.

'이름' 즉 이르름(도달, 성취)은 공간적(거리)의 의미가 아니다. 'ㅇ'과 'ㅣ'는 공간적으로 이미 함께 있다. 'ㅇ'과 'ㅣ'는 이미 공간적으로 하나되어 사람이 되었다.

이르름은 곧 깨달음이다. 생명의 본성에 대한 이해와 깨달음이다. 이것이 곧 득도(得道)요 해탈이다. 우리 모두 사람이라면 너나 할 것 없이 '이름값' 좀 해보자.

14. 고해(苦海)

책을 왜 읽는지 물으면 흔히 교양이나 재미로 읽는다고 한다. 그러나 필자는 의문 때문에 책을 읽었다. 진리, 곧 삶의 의문의 답을 얻기 위하여 그러했다.

인생을 말할 때 흔히들 고해(苦海)라 한다. 이는 수식어가 아닌 현실이다. 나의 가장 중요한 의문은 '인생을 왜 고통스럽게 살아야 하는가?'이다. 이에 대한 답이 있어야 하지 않겠는가?

즉, 통 즉 통(通 즉 痛)이다. 고통이 없이는 의문이 뚫리지 않는 것이다. 고통은 진리를 가르치는 스승이다. 생의 고통 중에서 예수님의 말씀에서 해답을 얻었다. 전에도 이 글귀를 여러 번 읽었지만 깨달음은 뒤늦게 찾아 왔다. "너희는 먼저 그 나라와 의를 구하라, 그리하면 이 모든 것이 따라오리라"

삶의 고통은 먹고 살려고 하는 노력 때문인데 예수는 먹고 살려고 노력하지 말라고 한다. 살려고 하지 말고 죽으려고 노력하라고 한다. 그러면 삶의 희열과 정열, 사명감이 불탄다. 이것은 말도 안 되는 소리로 들린다. 그러나 사실이다. 다만 우리가 몰랐을 뿐이다.

사실임을 확인해 보자. 생명의 조건과 환경은 이미 구비되어 있기에 태어난 것이다. 생명은 스스로 영위되어지고 있다. 의학적으로 말하자면 자율신경에 의하여 생존하고 있는 것이다. 생명의 유지를 위하여 내가 하는 일은 아무것도 없다. 이미 스스로 살아있는데 살려고 노력할 것이 아니다.

'그 나라와 '의'를 위하여 죽으려고 해야 한다. 흔히들 먹고 살려고 고생한다지만 삶의 중요한 조건, 즉 햇빛, 물, 공기, 등은 모두 공짜요, 먹을 것은 지천에 널려있다. 다만 우리는 문명(상술)에 길들여져서 보지 못하고 깨닫지를 못하는 것이다.

그러므로 생명의 과제는 먹고 살려고 고생하는 것이 아닌 '그 나라와 그의 의(뜻있는 일)'를 설정하고 실천하는 것이다. 그리하면 삶이 사명감에 불타고 열정과 희열이 솟아나고 이 모든 것 즉, 필요한 물질이 따라온다는 것이다. 그러나 우리 인간들은 '먼저 그 나라와 의'가 아닌, 반대로 이 모든 것을 위하여 살기에 허무와 고통을 겪고 사는 것이다.

이제라도 깨달았다면 그 나라와 의를 위해 살자. 살려는 노력은 삶이 아니다. 늙어 죽음은 죽음이 아니다. 그 나라와 의를 위해 죽고자 하는 노력이 삶이다. 에고(자아)를 버리고 뜻있는 십자가를 짐이 삶다운 삶이다. "나를 따르려면 자기를 버리고 십자가를 지고 나를 좇으라" 이는 제자들을 향한 예수님의 일성(一聲)이다.

버나드 쇼의 비문에 이런 글이 적혀있다. "우물쭈물 하다가 내 이럴 줄 알았다"

대부분의 인생들이 우물쭈물하다가 죽음에 이른다. 에고를 버리고 멋있는 십자가를 져보자.

15. 얼나

'얼'이란 우리만의 독특한 말이다. 기독교로 치면 성령, 불교의 불성, 유교의 본성이다.

우주의 육체(형체)는 '한울'이고, 정신은 '한얼'이다. 얼은 한얼의 얼을 가리킨다.

경상도 지방에는 지금도 갓 낳은 아기들을 '얼나'라고 한다. 엄마가 물체를 낳은 것이 아니라 '얼(정신)을 낳은 것이다. 그 뜻하는 바가 너무도 크고 귀하다.

정신 차리지 못하고 허튼 일이나 하는 이를 '얼간이'라고 한다. 얼이 빠져있다는 말이다. 얼간이는 사람이 아니라 걸리적 거리는 물건인 것이다. 얼간이의 반대말은 '얼찬'이다.

인간은 얼이다. 어린이도 얼이라는 말이요 어른도 얼이라는 말이라. 한 사람의 간판이 얼굴아닌가. 얼굴은 얼이 드나드는 굴이다. 얼굴에는 얼구멍이 일곱 개나 있다. 눈으로 보고 취하고 귀로 듣고 행하고 코로 맡고 사리고 입으로 먹고 뱉어내는 것을 보면 그 사람의 얼을 알 수 있다.

유영모 선생은 불교의 깨달음이나 기독교의 거듭남의 경지에 이른이를 얼나라 했다. 사람이 본디 얼나건만 문명(문화)의 쇠뇌가 극에 달한 오늘날 얼나를 찾아보기 어렵다. 얼간이 천지다.

얼빠진 얼간이들의 지식장난 마음발작으로 사람들의 삶은 분초를 다투는 아수라장이요 유일한 녹색행성 지구는 사막화 되고 있다.

얼간이는 나와 내 것을 위하는 이들이고 얼찬이는 전체를 하나로 알고 대의를 위해 공익을 위해 사는이 이다. 예수나, 석가, 이순신이나, 세종처럼….

제2장

몸

사람의 몸을 정기신(精氣伸)으로 이루어져있다.

정은 고깃덩어리 즉 몸통이요 기는 에너지 즉 힘이고 신은 헤아림(생각, 분별) 즉 의식체이다.

정은 입으로 먹어 유지하고 기는 코로 호흡해 유지하며 신은 눈귀로 보고 들어 유지한다.

혈관으로 정이 흐르고 경락으로 기가 흐르고 신경으로 신이 흐른다.

사람은 소우주다. 우주만큼 복잡 정밀하다. 첨단과학 우주선은 길가의 풀 한 포기 보다 정밀하지 못하고 유치하다.

몸에 이상(질병)이 오면 의학(과학)은 눈에 보이는 정만 살피니 원인은 결코 알 수 없다. 정에 보이는 원인은 결과이지 원인이 아니다. 원인의 99.9%는 눈에 보이지 않는다.

현대인은 과학종교(문명, 사회)의 광신도. 광신도는 착취당함으로 끝을 맺는다.

1. 의학

의학이나 의사라고 할 때 '의'는 고칠 의(醫)자를 쓴다. 그러나 수많은 병원과 의사들이 있지만 병든 환자를 고치지 못하고 있다. 어쩌다 고친 경우가 있는지는 몰라도 필자가 알기에는 없다.

필자의 경우, '의'란 자르고 꿰매고 무슨 제(濟)를 투여해 유지하는 게 아니라 환자를 병들기 이전의 상태로 되돌려 놓는 것이라고 생각한다. 미국은 세계에서 가장 잘 먹고 잘 사는 나라인데 환자는 왜 더 많은지 의료진을 세계 각지에 파송하여 연구 조사하였다.

대체의학이란 용어의 발생이나 채식의 선호들이 그 결과물이다. 기존의 의학으로는 병을 고칠 수 없다는 선언을 하였다. 기존 의료계가 병을 고치지 못하는 것은 당연하다. 그 원인은 생명이 무엇인지 알지 못하기 때문이다. 생명이 무엇인지 모르는데 생명체인 환자를 어찌 고치겠는가?

생명이란 단어를 사전에서 찾아보니 '목숨'이라고 하였다. '목숨'을 찾아보았더니 '생명'이라 적혀있다. 코미디도 이런 코미디가 없다. 첨단 과학이 어쩌고 떠들지만, 인류는 생명에 관한 한 아는

게 아무 것도 없다. 지구가 네모이고 태양이 지구를 돈다고 하면서, 지구가 돈다고 주장하는 갈릴레이를 종교재판에 회부하여 죽이려 했던 것이 오래지 않다. 인간은 무지 속에 살고 있다.

그렇다면 '생명'이란 도대체 무엇일까?

우주 전체가 살아 있는 하나의 '생명'이다. 우주란 시공(時空)이고, 글자 우주(宇宙)는 말 그대로 '집'이다. 초가집, 새집, 개미집, 좋은 집, 즉 '집'이란 곳에는 반드시 생명이 살고 있듯이 '우주'라는 시공의 집은 생명으로 가득하다. 이 생명이란 정(靜)과 동(動)의 원동력으로 볼 수 없으며 그것이 드러남이 자연이다. 자연은 스스로 활동한다. 자연은 무한하고 생명은 영원하다. 그것은 마치 파도는 순간이고 바다는 영원한 것과 같다. 생명은 자존자율(自存自律)이요, 무위이화(無爲而化)이다. 인위는 생명활동의 방해요 장해물이다.

의학은 생명을 물질로 알고 분석하는 인위적인 방법이라 치료가 불가능하다. 의학의 의미를 지니고 제구실을 하고 싶으면 먼저 생명을 이해하고 생명의 자율성의 장애를 제거 할 줄 알아야 한다. 동서의학 중, 서양의학은 플러스 요법으로 인위 물을 가하는 것이고, 동양의학은 마이너스 요법으로 그 출발은 생명자율성의 장애를 제거하는 방법이었으나, 지금은 사고나 방법이 서양의학과 거의 같아져 버렸다. 심히 개탄스러운 일이다.

사람의 몸은 몸의 각 부분, 심지어 세포에 이르기까지 하나로 연결된 유기적 생명체로 스스로 영위 유지되고 있다. 의학은 과학이라는 미명아래 생명체인 인체를 산산조각 내어 물질로 다루면서 분석하고 있다. 물론 눈으로 봐야 알겠다는 뜻이겠지만 생명과 영위는 보이지 않는 것이다. 의료계는 의학의 발달을 자화자찬하고 있지만, 검사술만 발달했지 치료술은 항상 제자리걸음이다. 환자가 입원하면 몇 일 동안 하는 일이 검사이다. 소변검사, 피검사, 담 검사, X-ray 검사, CT, MRI, PET, 심전도 등.

병원이 하는 일의 90% 이상이 온갖 검사이다. 치료는 수술 아니면 투약인데 환자를 병들기 전 상태로 돌려놓는 고친다는 의미의 '의(醫)'의 개념과는 거리가 멀다. 의학의 무지함을 다 열거하려면 책이 10권이라도 모자랄 것이다. 긴 이야기는 다음으로 미루고 중요한 것 한 두가지만 지적해 보자.

우선 의학은 병이 무엇인지를 모른다. 의학사전에는 수 만 가지의 병명이 등장하는데 병은 하나뿐이요, 약도 하나뿐이다. 병이 무엇인지는 다음 장에서 언급할 것이다.

의학은 또한 병을 밝히고 다루게 아니라 병의 결과를 붙들고 거기에만 매달려 있다. 수 만 가지의 병명은 병의 결과이지 병이 아니다. 구체적인 예 하나를 들어 보자. 소변에서 당이 나오고 췌장에서 인슐린을 분해하지 못하는 것을 당뇨병이라 한다. 이를 치료한다고 설탕을 적게 먹는 등 음식을 주의케 하고, 심하면 인슐린을 인위적으로 투여하는데, 이는 장기의 기능을 퇴화시키는 간접적인 살인행위이다. 왜, 당이 나오고 인슐린 분비가 안 되는지를 알아서 되돌려 놓아야지, 병의 결과적 현상을 놓고 인슐린을 주입한다는 것은 참으로 한심한 일이다.

알러지를 치료한다고 꽃가루, 먼지, 고양이 털, 이상체질 등, 어쩌고 저쩌고 하는데 다 부질없는 일이다. 꽃가루나 먼지 없는 세상이 어디 있겠는가? 왜, 그런 것들이 몸에 이상 반응을 보이는지 원인을 알고 몸을 되돌려 놓아야지, 꽃가루나 먼지나 고양이를 무슨 수로 피할 수가 있는가?

의학의 가장 큰 업적은 세균의 발견이다. 감염되지 않도록 손을 깨끗이 씻고 양치질을 하고, 등등. 이 또한 모르는 소리다. 의학이 발견한 세균이 몇 가지되지만, 공기 중에는 무한대의 균이 있다. 이미 몸에 이상이 생겨서 서식 환경을 제공하므로 균이 기생하는 것이지, 균이 병의 원인이 아니다.

간단히 병의 원인과 결과에 대한 예를 들어보았지만 이에는 의학이 제시하는 수 만가지의 병명이 모두 해당된다. 병명은 병의 결과이지 원인은 아니다. 원인을 치료해야지 결과를 치료하는 것은 말이 되지를 않는다. 이것이 오늘날 의학의 수준이다.

2. 질병

질병이 무엇인지 이해하려면 먼저 생명에 대한 이해가 있어야 할 것이다. 생명을 이해한다는 것은 곧 우주만물의 이치를 모두 안다는 것과 같음으로 감히 인간의 지혜로는 분명 한계가 있다. 그러니 질병이 무엇인지를 전제로 범위를 좁혀 논해보자.

살았다, 죽었다라는 말은 우리에겐 친숙한 말인데 살아 있다는 말은 생명이 작용하고 있다는 말이다. 또한 생명이 작용하고 있다는 말은 움직임이 있다는 말과 같다. 그러면 생명작용으로 일어나는 움직임의 상태는 어떠한 것일까? 그 움직임은 회전이고 순환이다. 즉, 돌아간다는 말이다. 생명은 돌면서(순환) 춘하추동의 변화를 일으킨다. 원자도 돌고, 지구도 돌고, 태양계와 은하계, 이 모든 우주는 돈다.

인간만이 아니라 존재하는 만물이 생명체인 것이다. 아니 물체가 생명이 아니라 순환작용이 생명인 것이다. 팽이가 돌아갈 때 우리는 살았다고 말한다. 총알도 돌면서 날아갈 때 살아 있는 것이다. 바람이 임의로 불매, 어디서 와서 어디로 가는지 알 수 없다는 말이 있으나 요즘은 태풍의 사진을 통해 바람의 모양을 볼 수 있고 방향도 대충 알 수 있다. 태풍의 사진은 태풍의 핵을 중심으로 거대한 소용돌이 모습이다.

깔때기에 물을 부으면 남극에선 시계방향으로 돌며 내려가고 북극에선 그 반대방향으로 돌며 내려간다. 태풍의 소용돌이도 이와 같다. 신라의 대학자 최치원 선생은 "현모지도풍류(玄妙之道風流) 즉, 바람의 흐름(循環)을 도(道), 생명이라고 하였다.

돌아감 즉, 순환이 도(道)요 생명의 양상인데 순환이 멈춘 상태를 생각해 보자! 광화문 사거리의 교통체증, 조직의 인사적체, 경제의 수요와 공급의 불균형, 정치의 대화 불통, 입춘이 지나서도 계속되는 겨울 등, 만약 이렇게 된다면 이 모두가 다 병인 것이다.

도(道)란 하나로 만상을 꿰뚫어 보는 눈이다. 병이란 몸에 순환되지 않는 것이 있다는 것이다.

의학사전이나 의사들이 말처럼 수 만 가지의 질병이 따로 있는 것이 아니라 병은 순환장애 하나 뿐 이다. 단 어느 곳에서 순환이 장애 받고 있느냐에 따라 아픈 부위가 다를 뿐이다. 수 만 가지 병명이 따로 있고 그에 따른 약은 수십만 가지가 있고, 셀 수 없는 많은 치료방법이 따로 있는 것이 아니라 병은 하나요, 약도 치료방법도 하나 뿐 이다.

순환불통이 병이라 했는데 이제 그 순환에 대하여 알아보자.

몸은 물(水)을 바탕으로 기(氣), 혈(血), 신(神)이 순환하고 있다. 즉 기, 혈, 신의 순환이 생명이다. 기는 호흡을 통해, 혈은 음식을 통해, 신은 의식(생각)을 통해 몸에 들어와 순환하며 생명을 영위하고 있다. 경락과 혈관과 신경라인은 기, 혈, 신이 다니는 통로이다.

사람은 사는 것이 아니라 살아지는 것이다. 숨 쉬는 것, 피가 흐르는 것, 인체의 모든 감지작용 등 이 모두가 기, 혈, 신이 스스로 하고 있다. 인체의 90% 이상이 자율신경계에 의해 이루어진다. 오직 내가 할 수 있는 일은 숟가락질뿐이다. "살고자 하는 자는 죽겠고, 죽고자 하는 자는 살리라" 예수 그리스도의 말씀이다. 스스로 살아 있는 몸, 무얼 그리 살려고 하는가? 뜻있는 일에 죽고자 해야 열매가 있고 생명의 진화가 있는 법이다.

논리가 곁길로 가려고 한다. 제자리로 가자. 몸(물통)안에 기, 혈, 신이 순환하는데 장애를 받으면 병이 된다. 그러면 이제 순환장애가 어떻게 일어나는지 살펴보자. 몸이 갑자기 찬바람을 맞으면 수, 기, 혈, 신의 알갱이들이 놀라게 되고 그 정도와 시간에 따라 급박, 울체, 경결이 일어난다. 급박은 수, 기, 혈, 신의 알갱이 들이 어쩔 줄 몰라 우왕좌왕하는 것이고 울체는 그 알갱이들이 엉켜서 덩어리가 된 것이고, 경결은 이 덩어리들이 굳어버린 것이다. 이 굳어 버린 정도가 심한 것이 바로 암이다.

그렇다면 순환장애는 왜 생기는 것일까?
그 주범은 무엇일까?

첫째 추위(기온변화)이고, 둘째는 음식이다. 음식은 먹는 것이 당연하지만, 자세히 보면 대부분 과식하고 있다. 셋째로 결정적인 것은 마음이다. 질병(疾病)에서 질(疾)은 원인이요, 병(病)은 결과이다. 한자의 질(疾) 속에는 화살 시(矢)자가 들어가 있다. 급한 마음을 이르는 것이다. 이 조급한 마음이 순환장애의 원인이다. 모든 일에 빠른 결과를 기대함은 인간이 버리지 못하는 욕심이다. 욕심이 죄를 낳고 죄는 병으로 죽음을 낳는다.

순환장애로 급박(急拍), 울체(鬱滯), 경결(硬結)되면 몸은 차갑게 된다. 아랫배가 차거나 손발이 찬 사람은 순환이 안 되는 증거이다. 이 차가움은 죽음으로 가는 길이다. 암 덩어리도 차갑고, 시체도 놀라울 정도로 차갑다. 동성상응(同聲相應)이라는 말이 있다. 이 말은 같은 소리엔 공통된 의미의 반응을 일으킨다는 뜻이다. 예를 들면 어두움, 바위, 종양을 모두 암(暗, 岩, 癌)이라고 한다. 보라, 어두움은 차고 검다. 바위는 차고 검고 딱딱하다. 종양도 차고 검고 딱딱하다. 몸에서 차거나 딱딱하고 검은 부위는 순환장애가 있는 곳이다.

우리는 어깨가 뭉쳐 아프다는 말을 흔히 듣는다. 딱딱하다는 말이고 순환이 잘 안 된다는 말이다. 어깨뿐만 아니라 명치 주위나 아랫배가 차거나 뭉쳤다는 경우를 흔히 듣고 보게 된다. 그런 경우는 현재 병을 호소하거나 조만간 병으로 심각해 질 수 있다.

앞에서 언급한바 있듯이 의학에서 말하는 수 만 가지 병명과 그 양상은 순환장애의 결과일 뿐이다. 그 순환장애의 결과는 셀 수 없으리만큼 다양한 양상으로 표출된다. 다시 말해서 병명은 앞으로도 계속 늘어만 갈 것이다.

이 정도의 설명으로도 병이 무엇인지 이해하리라고 본다.

3. 치유

앞에서 질병 편에서 이미 언급한 바 있지만, 생명의 실상에 대해 다시 한 번 생각해 보자.

살았다, 죽었다라는 말은 익숙한 말이다. 살아있다는 말은 생명이 작용하고 있다는 말이다. 생명이 작용하고 있다는 말은 움직임이 있다는 말이다. 이 움직임이란 단순히 앉고, 일어서고, 걷고 서는 것을 의미하는 것이 아니다. 이런 동작은 마음의 움직임이지 생명의 움직임이 아니다. 생명의 움직임은 돌고 있는 것이다.

생명의 움직임은 회전 즉, 돌고 있는 것이다.

원자에서 우주까지 돌지 않는 것은 없다. 즉, 우주는 생명으로 가득 차있다. 회전이 반복될 때 이를 순환이라 한다. 생명은 순환운동을 계속하고 있는 것이다. 생명의 순환운동은 무엇과도 관련하지 않고 생명 스스로 혹은 저절로 지속하고 있다.

사람에게 적용시켜 보자. 사람의 몸속에는 혈과 기와 신이 스스로 끈임 없이 회전하고 있다. 선인들은 이를 정(精), 기(氣), 신(神)이라고 했다. 정은 입으로 들어오고, 기는 코로 들어오고, 신은 생각을 통해 들어와 순환하며 생명을 존속하고 있다. 우주(宇宙)란 글자 그대로 무한대의 생명의 집이며, 육체는 '나'라는 생명의 집인 것이다. 집의 방문이나 창문, 현관 등이 고장이 나서 출입할 수 없다면 그 집에 사는 사람은 무척이나 불편할 것이다. 이처럼 몸 안의 기, 혈, 신의 흐름이 방해 받는 것이 바로 '병'이다. 이미 밝힌 것처럼 기, 혈, 신의 순환장애의 원인은 기온과 마음이다.

기온의 변화가 아주 심한 환경에서 살거나, 과식하거나 과도히 마음이 불편할 경우 정 · 기 · 신의 입자(알갱이)와 몸의 70%를 차지하는 수분의 입자는 급박, 울체, 경결된다. 급박은 당황하는 것이고, 울체는 제 갈 길로 못 가고 한데 뭉쳐 끈적한 덩어리가 되는 것이며 굳어져 버리는 것이다.

대부분의 병명에는 염(炎)자가 붙어있다. 염(炎)자가 붙어 있지 않아도 실제로는 염증이다. 급박이 울체가 되고 울체된 곳에 염증이 생긴다. 흐르지 못하여 썩는 것이다. 굳어버린 경결은 암이 되기도 하는데, 그것 또한 염증이다. 정 · 기 · 신의 순환장애가 곧 병인 것이다. 그 결과 의사들이 붙인 병명의 수만큼이나 다양한 증상들이 나타나지만 실체는 대부분 염증으로 나타나며, 또한 비만, 탐식, 우울증, 아토피… 등도 모두 순환장애의 결과이다.

순환이 잘되질 않으면 몸은 차가워진다. 차가우면 굳어지고,

굳어지면 썩는다. 썩음의 결과는 죽음이다. 인체는 찬바람, 과식 등 외부의 요인으로 순환장애가 일어나 차가워지기도 하지만 외부로 기운을 빼앗겨 장부(臟腑)가 힘을 잃는 내부의 요인으로 몸이 차서 순환장애가 되기도 한다. 또한 내인(內因)이 외인(外因)을, 외인(外因)이 내인(內因)을 일으키는 악순환이 되기도 한다.

그러면 차가움의 기준은 무엇일까?

인체는 36.5도의 열을 항상 유지하고 있다. 이것이 기준이다. 생명체들은 각각의 생명유지 온도를 가지고 있다. 식물이 봄에 잎을 내거나 개구리나 곰이 겨울잠을 자는 것은 자기의 생명유지 온도를 찾아가는 것이다. 다른 것은 차지하고 열은 에너지 즉 기운이며 힘이다. 기운(氣運)이 없으면 죽는다. 인체는 어떻게 36.5도의 열을 항상 유지하고 있을까?

핸드폰의 배터리가 다하면 작동되지 않는다. 즉 핸드폰이 죽는다. 사람은 태어날 때 생명에너지 즉, 배터리를 가지고 태어난다. 이를 가리켜 선조들은 선천지기(先天之氣)라 했다. 이 선천지기의 배터리는 용량이 제한되어 있어 쓰기에 따라 그 수명이 길고 짧을 수가 있다. 36.5도로는 나의 배터리가 아직 남아 있다는 증거이다. 우리는 이 배터리를 아껴서 써야 한다.

인생의 비밀을 깨닫고 나를 완성시킬 때까지…

옛사람들 중에는 천 년을 사신 분도 적지 않은데, 왜? 현대인들은 고작 100년을 살지 못할까? 인체의 배터리가 왜 그리 빨리 소모되는지를 알아보자. 이와 더불어 충전하는 방법도 알아보기로 한다.

첫째 냉장고, 에어컨, 찬 음료 등 차가운 문화가 몸을 차게 만들어 순환장애를 일으킨다. 몸이 차가워지면 선천지기 배터리는 몸을 데우려고 즉 36.5도를 유지하려고 에너지를 계속해서 소모해야 한다.

둘째 과로나 격한 운동에 많은 에너지를 써야 한다. 몸을 보기만 좋게 만들려고 헬스나 에어로빅, 보디빌딩 등 심한 운동은 겉보기에는 좋을지 몰라도 에너지를 외부로 너무 많이 방전시켜 몸속의 장부가 차가워진다.

셋째 욕심, 조급함, 분노, 미움 등의 정서를 잘 다스리지 못하고 방치하면 몸 전체에 순환장애를 일으켜 건강에 치명적이 된다. 몸과 마음을 정상적으로 유지하기 위하여 이 배터리는 계속하여 에너지를 소비하게 된다.

이상의 언급이 몸을 차가워지게 하고 순환장애 즉, 병을 일으키는 결정적인 이유이다. 위와 같은 이유로 내 몸 안에 담(痰), 염(炎), 적(積)이 쌓이고 가속적으로 순환장애를 일으켜 더 많은 불순물을 만들어 내는 것이다. 즉 썩어가고 있는 것이다. 따라서 이러한 불순물들을 모두 제거하고 몸을 따뜻하게 만들어 순환이 잘되게 하는 방법, 이른바 재충전은 무엇일까?

그 답은 아주 단순하고도 쉽다. 빛은 마음이 썩는 것을 막고 소금은 몸이 썩는 것을 막는다. 빛은 곧 열(熱)이다. 따뜻한 물에 체액에 맞추어 순수한 소금(간수와 오염이 모두 제거된)을 타서 수시로 마시면 몸 안의 불순물이 모두 제거되고 따뜻한 기운이 굳은 곳을 정. 기. 신의 통로를 자연스럽게 열어주면서 굳고 뭉친 곳을 풀어주어 원활한 순환이 일어나는 것이다.

예수님은 사람들에게 빛과 소금이 되라고 하셨다. 나 자신 즉, 내 몸과 마음이 온전하지 못하고는 외부를 향하여 빛과 소금이 될 수 없음을 말씀하신 것이다.

4. 치유에 대한 이해

현대의학의 병명은 수 만 가지이지만, 그것은 무지의 소치요 실상은 순환장애(불안-욕심)로 인한 염증(썩음)뿐이다. 오직 순환장애 하나로 그 결과는 해당 부위에 염증으로 나타난다. 염(炎)이 있는데 염(鹽)이 없으면 염(殮)을 해야 한다.

(1) 일차치유 – 마음

종교에서 세례란 깨끗이 한다는 뜻이다.

성경에 보면 요한(인간)은 물로 세례를 주었으나 예수님은 불(빛)로 세례를 주실 거라 했다. 그러나 기실 예수는 종교적인 세례를 베푼 일이 없다. 예수님의 세례는 "네 죄를 사했느니라" 였다. 즉 마음을 밝히심이다. 예수님의 핵심은 "너희는 세상의 빛과 소금이 되라" 즉 "사랑하라"는 것이었다. 죄 문제는 소극적인 표현이요, 사랑은 적극적 표현으로 한가지, 마음에 대한 지적이다. 빛과 소금은 단지 상징이 아니라 사람을 정화하는 유일한 재료이다. 물 소금, 빛 이외에는 사람을 치유하는 약은 없다.

(2) 이차치유 – 몸

먼저 빛을 마음에 넣어주고 다시 말하자면 삶의 온전한 방식을 가르치시고, 몸에는 정도에 따라 환부나 천지인(天地人)에 물과 소금(순수)을 넣어 준다. 빛과 소금, 물은 생명의 가장 기본적인 원소이다. 물, 소금, 빛 외에는 그 무엇도 인체에 넣는 순간 또 다른 부작용을 낳게 되는 것이 순리이다.

5. 진단

깨달은 사람은 질병과 무관하지만 가장 큰 은혜와 공덕은 활인 공덕(活人公德)이니 아래의 내용들을 잘 알아두면 요긴할 것이다. 나아가서 이 땅의 모든 이들이 스스로를 고치는 명의가 되시기를 바란다.

1) 체표와 장부

(1) **간, 담** : 눈, 근육, 고관절, 손발톱, 목 편도선
(2) **심, 소** : 혀, 동맥, 주관절, 상완, 혈관, 피, 땀, 얼굴
(3) **비, 위** : 입(술), 살, 무릎, 배, 유방, 허벅지, 뒤꿈치
(4) **폐, 대** : 코, 피부, 손목, 하완, 직장, 항문, 체모
(5) **신, 방** : 귀, 뼈(골수), 허리, 생식기, 발목, 힘줄, 치아, 정강이
(6) **심포, 삼초** : 신경, 임파액, 손, 견관절, 기도

2) 압통 진찰

(1) 두부(頭部)

– 풍지, 천유 : 이상 혈압

– 신유, 망문, 지실, 백회, 통천 : 탈모, 대머리

– 뇌공, 완골, 풍부 : 두통, 불면증, 뇌신경

– 예풍, 지창(눈이 감기지 않는 쪽) : 와사증(안면마비)

– 예풍상하 : 3차 신경통, 귓병, 안면마비

– 예풍, 이문 : 중이염, 청신경마비, 벙어리

– 동자료, 사백, 정명 : 눈병

– 영향, 풍지 풍부 : 콧병

– 견정, 대저, 예풍, 얼굴압통점 : 여드름

– 턱밑압통, 인영 : 편도선염, 입안병

(2) 항부(項部)

– 경추양방압통점 : 목디스크

– 수돌, 기사, 천용 : 인후질환, 갑상선

(3) 상초(上焦) : 폐유부(肺兪部)

– 극천, 단중, 심유 : 심장질환

– 폐유, 흑중, 신장 : 폐, 기관지

– 견정 : 견중

– 늑간 압통점 : 늑간 신경통

(4) 중초(中焦) : 간유부(肝油部)

– 간우부, 우불용, 우유문 : 만성위염

– 불용, 유문위, 조성압통 : 신경성 만성위염

– 간유부, 우일월부 : 간병

– 간유부, 중완 : 위산과다

– 간유부, 우불용, 우승만부 : 위궤양

– 간유부, 적 : 위경련

– 간유부, 우승만, 우의회 : 담병

– 하완, 대횡, 적 : 위무력, 위하수

(5) 하초(下焦) : **대장유(大腸兪)**

– 좌대거 : 대장염

– 신유, 경문 : 신장병

– 장강, 회음 : 직장염, 항문주위 병

– 대장유, 적 : 하초장부무력

– 대장유, 대거 : 난소염, 나팔관염

– 대장유, 회음 : 생식기 질환

– 곡골, 중극, 회음 : 정력 부족

– 회음 : 오도

– 백환유 : 수뇨관

(6) 팔(肢) : **거궐(巨闕)**

– 거궐, 견정 : 피로상지통

– 거궐, 극천 : 심장성 좌상지통

– 거궐, 단중, 극천 : 심장성 상지통

– 우거궐, 간유 : 간병우상지통

– 고항, 견정, 견우, 수삼리, 부근의 모든 압통점을 다스림

(7) **다리(肢)**

– 풍시 : 담경하지통

– 승부, 은문 : 방광경하지통

– 음영, 삼음교 : 자궁질환, 하지통

– 양릉천, 양릉 2寸 下, 족삼리 : 하퇴통

– 발바닥 압통점 : 발바닥 냉증

– 대장유, 둔부, 환로도, 대퇴부, 족삼리, 능하, 부골 등의 모든 압통점을 확인하여 다스림

(남상천의 기계(氣界)를 참고함)

6. 기도(氣道)

질병의 원인은 90%이상이 마음 때문이라고 앞서 말한 바 있다. 마음이 완전히 비워지는 순간 몸은 즉시 자연으로 돌아간다. 우주 생명과 함께 순환함으로 병이란 있을 수 없다.

아래의 글을 수시로 암송해 보자! 육체의 옷을 벗을 때까지 질병의 고통은 사라지고 영혼의 무게가 가벼워져 순백의 세계, 즉 하나님의 세계로 돌아갈 것이다.

天無二道요 古今一道니 聖賢은 同心也라
천무이도요 고금일도니 성현은 동심야라

耳常聞善이면 腎不走精하고 目常視善이면 肝能育魂하고
이상문선이면 신불주정하고 목상시선이면 간능육혼하고

口常語善이면 心不失神하고 鼻常臭善이면 肺能安魄하고
구상어선이면 심불실신하고 비상취선이면 폐능안백하고

衣常思善이면 黃中通理하느니라

의상사선이면 황중통리하느니라

食, 自己之陰陽이요 交, 自己之水火로다

식, 자기지음양이요 교, 자기지수화로다

如是修行하면 神明이 自來하느니라.

여시수행하면 신명이 자래하느니라.

日一二時食 秘密神呪하면 自動感應하여

일일이시식 비밀신주하면 자동감응하여

氣化終身하니 卻炳장생하느니라

기화종신하니 각병장생하느니라

7. 일침술(一針術)

병명도 진찰도 할 필요 없다!

1) 깡 마른 사람

적에다 자침하면 병명도 알 수 있고 병도 낫는다.

2) 보통 체구

천지인(天地人)에다 약침(藥針)한 번이면 깨끗이 낫는다.

3) 비대인

일단 비만의 위험을 주지시켜 살을 뺀 후 약침 한다.

천지인 시술 후에는 예상 밖의 일들이 벌어지기도 한다. 멈춘 생리를 다시 하기도 하고, 예전에 아팠던 곳들이 다시 아프다가 낫기도 한다. 천(天, 어깨)에는 영적 찌꺼기, 인(人, 명치부위)에는 마음의 찌꺼기, 지(地, 허리)에는 음식물의 찌꺼기가 고인다.

8. 부분 침술(部分針術)

신체 각 부위에 이상이 올 때, 아래 제시한 혈에 필자의 약침을 쓰면 효력은 즉시 발생한다.

1) 눈

- 혈 : 동자료부, 간유부, 뇌공부, 천주부
- 눈의 피로감 : 동자료부
- 시력회복 : 정명, 동자료

2) 귀

- 혈 : 예풍 상 · 하, 청궁, 청회, 의문, 계맥

3) 코

- 혈 : 영향, 영향상, 화료

4) 입(혀, 이, 잇몸)

- 혈 : 턱밑 압통점, 편도선혈, 인영, 수도, 측돌(양치는 반드시 소금으로)

5) 안면마비

– 혈 : 예풍, 예풍하, 동자료, 정명, 영향

6) 편도선

– 혈 : 편도선혈, 편도선사혈

7) 인후

– 혈 : 인명, 수돌, 치통혈, 편도선혈

8) 뇌

– 경기 : 백회, 풍부, 완골

– 뇌질환 : 뇌공, 천주, 옥침, 완골, 현리

9) 호흡기

– 혈 : 폐유부, 고황부, 수돌, 측돌, 욱중, 신장

– 폐암이나 늑막염엔 - 극천부, 늑막혈 추가

10) 심장

– 혈 : 심유부, 고황부, 극천부, 전중, 유중, 현리

11) 딸꾹질(횡경막 경련)

– 혈 : 간유부, 폐유부의 압통점

12) 식도

– 혈 : 울증, 신장, 신봉, 견정, 폐유부

13) 간, 담

– 혈 : 간유부, 우불용부

14) 췌장

– 혈 : 간유부, 좌불용 상하부

15) 위, 십이지장

– 혈 : 간유부, 좌우불용, 좌우신유

16) 대, 소장

– 혈 : 적, 지실, 위창

17) 신장

– 혈 : 회음부, 생식기부, 등배의 늑골밑

18) 방광

– 혈 : 회음부, 생식기부, 미추골부

19) 전립선

– 혈 : 회음부, 생식기부, 미추골부

20) 자궁

– 혈 : 지실, 신유, 회음부, 횡골

21) 팔

– 혈 : 고황부, 수삼리

22) 다리

– 혈 : 족삼리, 능하, 복토, 은문, 승산

9. 동성상응(洞聲相應)

주역 건괘 문언전에 '동성상응(洞聲相應), 동기상구(同氣相求)'라는 말이 있다.

공자가 말씀하시기를 "하늘에 근본을 둔 것은 위와 친하고, 땅에 근본을 둔 것은 아래와 친하니 각각 그 류(類)를 좇는다" 고 했다.

위에서 동성상응이란 같은 소리는 서로 응한다는 말이다. 즉 동성(同聲)은 동성(동성(同性)이다. 필자는 글, 소리의 뜻을 찾아 만물의 이치를 살핀다. 같은 소리, 같은 파장, 같은 색깔, 같은 모양은 서로 간에 만난다. 같은 모양은 서로 만나 꼴값을 떨고, 같은 색은 서로 만나 색을 쓴다. 끼리끼리 만나는 유유상종(類類相從)인 것이다.

병은 한마디로 말하여 통(痛, 아픔, 苦痛)이다!

생명은 순환이라 했다. 통(痛)의 원인은 통(通)이 되질 않는다(不通, 순환장애)는 말이다. 이것이 바로 병이다. 따라서 병을 고치는 유일한 방법은 뚫어 통하게 하는 것인데, 통(通)하려면 통(痛)이 따라야 한다. 옛말에도 아파야 낫는다고 했다. 필자가 천지인(天地人)에 침을 놓으면 하루 이틀은 아프다가 낳는 것도 이 때문이다.

병의 결과는 염(炎, 熱)과 담(痰, 冷)으로 나타나는데 두 글자 모두 염(炎)이 들어가 있다. 염(炎)은 불화(火)자가 둘이라 열이 되고, 열은 땀(汗)이 된다. 또한 땀은 그 맛이 짜다(鹽). 즉, 염(炎)과 염(鹽)은 하나이다. 그래서 염(炎)을 제거하려면 염(鹽)을 써야 한다. 다시 말씀 드리자면 염(炎)을 염(鹽)으로 제거치 않으면 망자에게 하는 염(殮)을 할 수 밖에 없을 것이다.

10. 시종의 도(始終의 道)

생자필멸(生者必滅)이라 만물에는 반드시 시작과 끝이 있게 마련이다. 풀 한 포기, 돌 하나에서부터 동물과 사람, 별들까지도 우주 안에서 생겨났으니 언젠가는 그 수명을 다하고 사라지게 된다. 우주가 없는데 영원하자는 천당과 극락, 지옥과 영혼이 있기는 하는 것일까?

속 깊은 이야기는 다음 장으로 미루고, 몸 이야기나 계속하자.

아기가 엄마 뱃속에서 나올 때 머리가 먼저(始) 나오고 발이 맨 나중(終)에 나온다.

분해는 조립의 역순(逆順)이고 조립은 분해의 역순이다. 이것은 만고불변(萬古不變)의 진리이다. 몸이 고장(病) 났으면 종(終)에서 살펴서 시(始)로 들어가야 한다. 시(始, 하나님, 부처님, 근원)는 감히 우리들 인간으로서는 알 수가 없다.

만법귀일(萬法歸一)이라 했는데, 어디가 고장이든지 간에 시(始)와 연결만 하면 된다. 만인이 일상에서 지친 몸을 집에서 쉬면서 재충전하듯이 말이다. 우주에 만물이 있으나 이치는 하나인데 과학이니, 학문이니 하면서 무수히 나누어 보려고 하니 아는 게 없을 수밖에 없다. 암 전문병원장도 암으로 죽고, 안과전문의를 찾아가 보면 거의 안경을 끼고 있다. 참 우스운 세상이다. 지금 필자에게 무슨 말을 하냐고 반문할 사람이 많을 것이다. 몸이든, 세상이든 사통팔달(四通八達)이 되어야 하는데, 이것이 하나라도 막히면 고장이요 병인 것이다. 발가락(終) 끝만 꽉 누르면 머리(始, 一, 하나님, 부처님)와 통하여 전기가 흘러 사지육신(四肢肉身)을 뚫어주어 만병이 물러간다는 소리이다.

11. 수승화강(水乘火降)

체상용(體相用)이라는 말이 있다.

체는 모양을 상은 성질을 용은 작용을 뜻한다.

그 중에 상(相)은 성질, 즉 에너지다.

자연상태의 물(水)의 성질은 아래로 향하고, 불(火)의 성질은 위로 향한다.

그러므로 두 성질이 서로 만나 교류할 수가 없다. 그렇지만 이 두 성질(에너지)이 만나 교류하면 생명을 탄생시킨다.

사과나 복숭아 등 과일에는 수분(水)이 있고 그 위에 햇볕(火)이 쪼이면 과일도 생명을 유지하는 동시에 그 속에 벌레도 같이 자라난다. 누가 과일 안에 벌레 알을 넣지를 않았는데 말이다.

지구상에 무수한 생명체가 살아가는 것은 햇빛이 내려오고 바다와 지상의 물이 기화(氣化)하여 올라가기 때문이다. 이러한 수화(水火)의 일련의 과정을 수승화강(水昇火降)이라고 한다.

한의학의 핵심이 수승화강(水昇火降)이다.

몸의 상체에는 심장(火)이 있고, 하체엔 신장(水)이 있다. 나이가 들면 점차 두 기운이 교류 순환하질 못해서 몸에 이상이 찾아온다. 각종 병의 원인은 이 하나뿐이다. 한의사들이 온갖 시술과 처방은 수(水)와 화(火)를 교류케 하려는 것이다.

기(氣)가 혈(血)을 이끄는데, 하지정맥류 등은 수기(水氣)가 위로 오르지 못하는 증거이다. 수와 화가 따로 노는 것이다. 즉 몸이 죽어가고 있다는 것이다. 그렇다면 인위적으로 수승화강 시켜 청춘으로 돌아갈 방법은 없는 것일까? 분명한 방법이 있다. 쑥과 마늘을 훈연해서 발열(發熱), 발기(發氣)하면 피가 더워져 쉽게 올라가고 피끓는 젊은이로 돌아가게 된다.

12. 자율신경

어느 목사의 묘비에 새겨진 글귀이다.

"살려는 노력은 삶이 아니다. 나이 들어 죽음은 죽음이 아니다"

그렇다. 삶은 내가 사는 것이 아니고 살아지는 것이다. 살겠다고 노심초사(勞心焦思)하지 말고 뜻있는 일에 목숨을 던지자는 말이다. 예수님은 말했다. "나를 따르려는 자는 자기를 버려라. 살고자 하는 자는 죽고 죽고자 하는 자는 살리라." 또 "내일 일을 염려하지 말라, 들에 풀과 꽃을 보라! 저들은 심지도 가꾸지도 않아도 하나님이 잘 먹이고 입히지 않느냐, 하물며 사람일까 보냐"

내 몸이 사는데 내가 하는 일은 아무것도 없다. 호흡도 맥박도 피의 순환도 모두 저절로 이루어진다. 의학용어로 표현하자면 자율신경계 덕분이다.

질병의 원인은 90% 이상이 욕심에서 발생하는 우리네들의 세상사의 근심, 걱정, 염려, 불안 때문이다. 보다 대범(大汎)하고 이완된 마음으로 살아가야 한다. 위의 예수님의 가르침처럼…

예수님의 교훈을 시리즈로 나열한 것이 산상수훈이다. 그 내용을 보면,

"마음이 가난한 자는 복이 있나니 천국이 저희 것 임이요"가 첫 문장이다. 이 마음의 비움의 힘은 가히 폭발적이다. 천재적인 지혜가 발현되기도 하고, 몸을 위축시키던 잠재적 기억들(잠재능력)이 튀어나와 자연 본래의 모습으로 회복된다는 말씀이다.

그렇다면 이 마음을 어떻게 비울 것인가?

수많은 종교와 수련단체들이 마음을 들먹이지만 그 실체를 알지 못하니 이상한 소리들만 늘어놓는다. 마음은 기억(정리된 생각)의 축적이며, 이 생각(필자는 마음의 양식이라고 한다)을 쉬면(굶기면) 마음은 바로 없어진다. 이것이 바로 불교에서 말하는 해탈(解脫)이다.

13. 세족식(洗足式)

예수님은 자신의 죽음을 예견하고 대야에 물을 가져와 제자들의 발을 일일이 씻겨주셨다. 그리고 나서 말씀하시기를 "너희는 나를 스승이라 하느냐? 그렇다면 너희도 이렇게 하라"고 하셨다. 또 성서에는 이런 말이 있다. "그 발가락이 얼마는 철이요, 얼마는 진흙이니 그 나라가 얼마는 든든하고 얼마는 부숴질 것이다" 예수님의 발 씻김을 기념하여 종교의식으로 행하는 것이 '세족식'이다. 그리스도의 겸손과 사랑을 회상하자는 것이다. 그러나 필자는 좀 더 다른 뜻을 더하고자 한다.

앞장의 '시종의 도'에서 언급한 것처럼 조립은 분해의 역순이니 문제는 발에서부터 풀어야 한다. 발판, 발기, 발생, 발정, 발달, 발전, 발화, 발포 등은 모두 '동성상응'이다.

몸에 병이 들었다면 발을 살펴보자!

– **엄지 :** 간염, 간경화, 간결석, 담석, 시력장애, 기관지 천식, 폐렴, 대장염, 위염, 당뇨

– **검지 :** 협심증, 심근경색, 고혈압, 중풍, 안면마비, 자폐증, 변비

– **중지 :** 위염, 웨궤양, 췌장염, 당뇨, 간염, 간경화

– **약지 :** 해소, 천식, 기침, 가래, 골다공증, 좌골신경통, 간염, 간경화, 간결석, 담석,설사, 변비, 치질, 알러지비염, 여드름, 무좀, 두드러기, 탈모, 목디스크, 허리디스크, 안짱다리, 관절염

– **새끼발가락 :** 신장관련병, 방광관련병, 자궁관련병, 요도염, 전립선염, 디스크, 관절염, 위염, 당뇨병, 간병

14. 돈보다 귀한 것

금보다 더 소중한 것이 있으니 이름하여 소금이다. 싸고 흔하다고 실소(失笑)할지 몰라도 그렇다면 무지의 소치이다.

너무 귀하고 소중한 것은 흔하고 값이 없다. 물, 공기, 햇빛에 어느 누가 그 값을 매길 수 있는가? 그래서 값이 없다. 그 값이 없으니 누가 돈을 주고 산다는 말인가?

생명물질인 소금도 이에 버금가는 것이다. 정말 소중한 것을 값없이, 그것도 마음껏 쓰고 살아갈 수 있다는 사실. 그것이 바로 창조주의 은혜이다.

쑥, 마늘, 콩 등도 그 중의 하나이다.

지구상의 70억 인구가 매일 바다로 오물을 흘러 보내어 더럽히지만 바닷물은 왜 썩지 않을까? 그것은 바로 소금의 역할 때문이다. 소금은 오물을 끌어드린다. 소금은 상당부분 불순물(간수, 오염물질)이다. 시간이 흐를수록 소금의 불순물의 양은 점점 더 늘어만 갈 것이다.

간수(염화, 산화, 황산마그네슘)는 몸 속의 철분, 단백질, 섬유질을 산화하여 파괴한다. 사람은 하루도 소금을 먹지 않고는 살 수가 없다. 먹은 만큼 몸은 이 간수로 인해 노화와 질병이 촉진된다. 반면에 순수한 염분(간수와 불순물이 제거된)은 참으로 신비하다. 짜게 먹어도 물을 켜지 않고 불순물(간수, 오염물질)로 인하여 발생하던 부작용이 전혀 없다.

염분은 불순물을 당기는 힘이 있어 체내의 염증과 담증(가래)를 제거하고 불순물을 끌어내 체외로 배설시킴으로 몸 의 막힌 곳을 뚫어준다.

기혈(氣血)이 막히는 것이 병이라고 했다. 순수한 소금은 만병을 물리친다.

소금의 신비는 우리의 상식과 이해를 넘어서는 생명의 재활물질이다.

소금은 광물질로 무기질도 미네랄도 아니다. 소금과 물은 그 어떤 물질과도 다르다. 열에 수축하고 냉에 팽창한다. 또한 소금은 전해질로서 몸에 전기작용을 활성화 하고 삼투압이 강하다. 소금은 물, 빛, 공기의 육각형 결정체이다.

의사들은 한결 같이 싱겁게 먹을 것을 권하지만 그 말에는 동의 할 수가 없는 것이 필자의 견해이다.

당뇨나 신장병환자에게는 특히 소금을 먹지 못하게 하지만, 오히려 당뇨나 신장병환자가 소금을 먹지 못하면 죽는다. 신장에 염분이 부족하면 신장이 썩는다. 순수소금을 먹으면 신장병도, 당뇨병도 즉시 호전된다.

민물고기와 바닷고기 중 어느 것이 더 짤까?

당연히 바닷고기라고 생각한다. 왜냐하면 바다에서 짠 물을 먹고 살았기 때문에…

그러나 실제는 상식을 뒤집는다. 민물고기가 더 짜다.

왜냐하면 바닷고기는 짠 물에서 살기 때문에 소독도 세균도 걱정이 없어 염도가 낮다. 반면에 민물고기는 각종 세균 등에 노출되어 살아감으로 몸속에 염분을 더 많이 축적하고 있다.

중요한 사실은 바다에서 멀리 있는 동물과 고등동물일수록 체내에 염도를 높게 쌓아둔다.

달의 인력에 의해 바다가 조수(潮水, 밀물과 썰물)현상이 일어난다. 이것은 바로 3.5%에 달하는 소금의 영향 때문이다. 나이가 들면서 몸이 천 근, 만 근이라고 호소하는 사람이 많은데, 이 또한 염분 부족 때문이다. 달하고 교류하지 못하기 때문이다.

봄철에 몸이 노곤하고 나른해 지는 것도 초목이 동물의 몸 안의 염분을 빼앗기 때문이다.

몸속의 염분이 부족하면 썩고 죽는다. 순수 염분을 많이 섭취해 보자!

15. 기도(祈禱, 呪文, 眞言, 만트라)

TV를 시청하려면 흔들거나, 두드리거나, 소리를 질러서는 안 되고 리모컨을 눌러야 한다. 그리고 자기가 보고 싶은 프로를 보려면 해당 채널번호를 눌러야 한다.

무슨 말이냐 하면 모든 기계의 작동이나 우리들 인생살이에 있어서도 정해진 코드가 있다는 말이다.

사람들은 하나같이 '나는 왜, 이 모양 이 꼴인가'하고 자신을 한탄하며 술잔을 드는데,

왜 그럴까? 그 답은 분명하다. 인생의 코드를 모르고 말도 안 되는 짓을 하니까 그렇다. 마치 TV채널을 옮기듯이 정해진 것을 따르지 않고, 흔들고, 두드리고, 소리만 지르고…

종교를 가진 많은 이들이 신앙의 대상인 하나님, 부처님, 알라 등에게 잘 살게 해 달라고 기도(祈禱)하는데, 기도의 코드를 모른 체, 자기의 욕심대로 부르짖기만 하니 가히 개탄할 일이다. 코드란 '맞춤 방식', '맞춤 말'이다. 이 맞춤이란 대상과 나와의 완전한 소통

을 이르는 것이다. 모쪼록 이 기도의 코드를 바로 찾기를 앙원한다.

종교마다 신앙의 대상이 달라 헛갈리지만, 우주에는 무엇이라 이름 지을 수 없어도 절대적인 진리가 반드시 있다. 그것은 마치 산의 정상이 하나이듯이 모든 종교를 초월하여 그 진리 또한 하나뿐이니, 우주 안의 사람이 같듯이, 우주 안의 진리를 찾는 마음 또한 같아져서 모든 것을 초월하여 싸움질 하지 말고 비방하지 말아야 할 것이다.

나의 종교만이 진리라고 말하지 말지라!

이를테면 진리를 구하는 마음의 기도는 이러면 어떨까?

'우주의 근원이요 생명이 주인 되신 하나님! 나와 이 세상의 모든 문제들은 당신의 본성을 벗어나 살아온 저의 잘못이니 용서하여 주소서! 이 땅의 있어짐의 모두를 감사합니다. 모든 것을 사랑하겠습니다.'

하루에 세 번이라도 이 기도를 암송해 보자.

율려(律呂)와 공명하고 삶의 창이 정화되어 질병도 가난도 물러가고 저절로 평안이 찾아와 행복하게 되리라.

16. 통증

몸에 병이 들었다고 할 때는 아픔을 느낀다는 말이다. 물론 처음에 통증을 느끼지 못하는 질병도 많이 있다. 아픔 즉 통증에 대하여 우리는 잘 모르고 있다. 요즈음 '자연치유력'이란 말이 우리들에게는 그리 생소한 말이 아니다. 자연치유력이란 몸이 스스로 낫고자 하는 힘(에너지)을 말한다. 통증은 자연 치유력이 진행되고 있다는 것이다. 몸을 함부로 다루고 음식을 마구 먹으면서, 자기도 모르는 사이에 병이 들었는데, 이때에 몸이 스스로 나으려고 치유력이 진행될 때 통증이 나타난다. 그러므로 통증은 우리에게 병의 존재를 알려주는 아주 고마운 존재이다. 그런고로 우리는 이 통증을 고맙고 반갑게 받아드려야 한다.

의학에서는 이 통증이 곧 병이라고 진단한다. 그리고 그 통증을 느끼지 못하도록 신체의 다른 부위에 주사와 약을 쓴다. 그것을 제거하여 또 다른 부위가 통증이 느껴지면 그곳에 다른 진통제를 주사하게 된다. 이는 몸이 스스로 나으려는 자연치유력을 마비시키는 일이다. 소위 의학이 말하는 치료는 신체의 원상회복인 본질을 치료하는 것이 아닌, 감각을 마비시키거나 인체나 생명을 하나의 물체로 보고 병소(病所)를 제거하는 방법이다. 대표적인 예로 감기나 수술이다. 감기는 약을 먹으면 1주일 만에 낫고, 약을 안 먹으면 한주간 만에 낫는다.

출혈과 발열, 구토, 설사 등 신체의 모든 불쾌한 증상도 넓은 의미의 통증이다. 과로하여 코에 피가 흐르는 것은 몸의 밸런스를 맞추려는 자연현상이다. 이때는 코를 억지로 틀어막으면 안 된다. 흐를 만큼 흐르면 제대로 멈춘다. 각혈이나 하혈도 마찬가지이다. 아이들이 자주 열이 나는데 몸이 스스로 해독작용을 하는 경우이다. 감기는 글자 그대로 내 몸에 다른 기운을 감지하여 몸이 이에 스스로 대처하는 현상이다.

감기는 만병의 원인이라고 의학은 말한다. 그렇다. 평소에 나는 감기 열로 몸 안의 열을 내보내지 않으면 갑자기 큰일을 당 할 수도 있다. 이 발열과정에서 몸의 독소가 배출되는 것이다. 약을 먹고 주사를 맞아서 억지로 눌러 놓으면 반드시 다른 부분이 고장 나게 된다. 병명은 큰 의미가 없다고 본다. 병도 하나요 약도 하나이다. 병이 오면 쉬면서 내 몸 안의 불균형된 부분을 균형 있게 하려는 고마운 현상이다. 그러면 병은 저절로 낫는다. 감기가 4~5일이면 낫듯이 암도 자연치유가 되는 경우가 많다. 감기열이 암세포를 죽이는 것이다.

불통(不通)이 즉 병이다. 통(通) 즉 통(痛)이 있는 것이다. 불통을 통하게 하는 것이 자연치유력이다.

17. 노폐물

흐르는 물에는 이끼가 끼고, 바람이 불면 먼지가 난다. 몸 안 에는 기와 혈, 공기와 물이 순환을 하는데 장애를 받으면 곧 이것이 병이다. 인체는 우리의 의지와는 관계없이 순환과 대사작용을 함으로써 몸 안에도 이끼와 먼지와도 같은 노폐물이 쌓인다.

관심이 없이 살아가니 그렇지, 이 쌓인 노폐물은 누가 만져도 다 만져지고 눈으로도 확인 할 수가 있다. 노폐물을 만져 보고 성인병을 진단한다. 고혈압 환자의 대부분은 대추혈(大椎血) 부근에 노폐물이 쌓여 있고 심하면 뇌출혈 중풍이 된다. 심장병 환자는 단중(端重) 주위에 노폐물이 쌓여 있다. 호흡이나 소화에도 당연히 지장을 가져 오게 된다. 디스크를 앓는 사람은 허리에 노폐물이 쌓여 있고 관절염이 있는 사람은 무릎에서 노폐물이 잡혀 진다. 배꼽 아래의 하복부에 노폐물이 만져지면 신장에 이상이 있고 상복부가 그러하면 위가 좋지 않은 것이다.

견갑골이나 목 부위에도 노폐물이 많이 쌓이는데 이는 혈압, 어깨, 심장 등에 영향을 주게 된다. 또한 척추 좌우에 방광 경락을 따라서도 노폐물이 쌓이는데 해당 혈의 지배 부위에 따라 이상이 온다.

노폐물을 어혈이라 하기도 하고 적이라고도 하며 취라고 한다. 자리 잡고 굳어 있으면 적이라고 하고, 돌아다니는 것을 취라고 한다. 이는 돌처럼 딱딱하기도 하고 연골처럼 느껴지기도 한다. 어떤 형태이든 이것들은 체내에 쌓인 쓰레기들이다.

이 노폐물은 우리가 매일 세수를 하고 방을 청소하듯이 자주 청소를 해 주어야 건강한 삶을 살 수가 있다.

그 처리 방법은 우선 평안한 마음을 가지고 온전한 식사법을 꼭 지키면서 순수 소금을 물에 타서 마시거나 족탕을 하면 단 시간 안에 깨끗이 청소가 되어 질 것이다.

18. 환자의 마음가짐

병은 모두 다 마음에서 시작되어 진행되다가 그 증상이 깊어지면 몸에 나타난다. 그래서 이름하여 질병(疾病)이라 한다. 성인병과 난치병은 그래서 환자의 마음이 바뀌질 않으면 결코 낫지 않는다. 환자가 마음으로 알아야 할 것은 크게 두 가지의 '깨달음과 낫고자 하는 의지'이다.

그 첫 번째가 병은 마음에 그 원인이 있음을 아는 것이다.

두 번째는 병을 반드시 이기고 고쳐야 한다는 자신의 의지이다.

첫째, 깨달아 안다는 것은 쉬운 말로 해서 '맺혀 있는 마음을 풀어라'라는 뜻이다. 마음에 맺혀있는 한(恨), 미움, 증오, 복수심, 자학적 마음의 가책, 분노, 습관적 우울, 등의 원인을 제거하고 편하고 너그러운 마음을 가져야 한다. 불효한 자식이 부모의 장례식에서 너무나 후회스러워서 한 없이 울었더니 병이 나았고, 매일 아파서 고통 받던 아내가 남편이 눈물 흘리면서 자신의 잘못을 회개할 때 모든 아픔이 사라지는 이유가 이것이다. 이처럼 마음이 풀려야 병은 낫는 법이다. 마음을 풀지 않고 약에 의지하면 한 곳은 좋아질지 모르나 또 다른 부위는 병들고 있는 것이다. 의사나 약사가 처방하는 약과 주사는 환자의 마음을 알 리가 만무하다. 오직 환자 자신의 마음가짐이 가장 중요한 것이다.

둘째, 환자의 병을 이기고자 하는 의지가 절대적으로 필요한 것이다. 병을 고치겠다는 확고한 의지가 없으면 병에게 질 수 밖에 없다. 병에서 낫기를 원치 않는 환자가 있을까 싶지만 막상 환자를 보면 의지가 약하고 게으름에다 조그만 일도 귀찮아하는 경우가 많이 있다. 무엇보다도 아는 게 너무 많아서 탈인 경우도 많이 있다. 그것도 좋다. 어찌됐던 의지가 무엇보다도 중요함을 가족들이 일깨워 주는 것이 더 중요하다.

공동철의 "환자도 죽고 의사도 죽는다"는 책을 읽어 보시기를 바란다. "삼위일체 건강법"이라는 책의 저자는 과거 영어 학습서로 유명했던 분이다. 이 분들은 자기 의지로 병과 싸우고 의료체계와 싸웠다. 자기 의지로 병을 이긴 분들의 체험담이다.

자기의 병은 결국에 자기의 지혜로 이겨야 한다는 말이다.

제3장

뿌리

사람의 모든 행동과 활동, 일과 역사는 손과 발이나 몸이 움직여 이루는 것이 아니라 정신이 움직여 이루는 것이다.

올바른 정신(올바른 사상, 철학)이 뿌리 내려 있을 때 옳고 보람되고 가치 있는 일의 열매를 거두어들일 수 있다.

올바른 정신은 나(뿌리)를 아는 데서 나오는데 오늘 날 우리의 정신은 뿌리도 싹도 틔우지 못한 채 나 밖에 것들(외세)로 뒤범벅 되어 부평초 같이 흔들린다.

내가 서있는 토양을 바로 알아 정신의 뿌리를 깊이 내리자. 값진 나의 삶을 위하여.

1. 한민족(韓民族)의 얼

사람이 깨어 있을 때의 마음의 기억과 판단작용이 의식(意識)이다. 이에 반(反)하여 무의식(無意識)은 자각(自覺)이 없는 의식작용으로 오랜 기간의 의식들이 축적되어서 이루어진 것이다. 불교에서는 이것을 전생(前生)에서부터 온다고 한다.

스위스의 분석심리학자인 C.G Jung(융)은 '의식(意識)은 빙산(氷山)의 일각이고, 수면 아래의 거대한 빙산을 무의식(無意識)'이라고 비유했다.

그리고 말하기를, "의식과 무의식이 일치(一致)하지 않고 대립될 때, 재난이나 질병 등의 다양한 사고(事故)의 원인이 된다"고 하였다.

이제 우리민족의 의식 이야기를 해 보자.

우리는 고구려 이후 민족의 얼(의식)을 잃어버렸고, 수많은 외국의 침략과 약탈의 수모를 겪으면서 천수백 년 동안 한(限) 맺힌 삶을 살아왔고, 어쩌면 아직도 문화제국주의 폐혜들을 다 극복하지 못하면서, 아니 극복하려는 노력보다는 때로는 우리 민족 혼 속에 의식적으로 끌어들이는 현상이 비일비재(非一非再)하다.

고려 말 학자이신 행촌(杏村) 이암(李嵒)선생께서는 "아! 원통하다. 부여는 부여의 도가 없어진 후에 한족(漢族)들이 쳐들어와 멸망했고, 고려는 고려의 도가 없어진 후에 몽고(蒙古)가 쳐들어와서 얼마나 많은 고초를 당했던가!" 라고 하셨다.

그렇다 민족의 도, 민족의 정신을 이르는 말인데, 이 민족정신의 뿌리가 흔들리면 그 정체성을 잃어버릴 수밖에 없다.

이 시대의 우리의 민족정신의 뿌리는 어디로 뻗어나가고 있는가?

민족혼이 결여된 서구식 교육이 모두 다 틀렸다는 말은 아니다. 그러나 뿌리가 흔들린채로 흘러가는 이 나라의 현대의 아이들의 교육의 실상은 우리 모두의 가슴을 심히 아프게 하는 것만은 자타가 부인키 어려운 것이 지금의 현실이다. 오호 통제라!

초등학교에서 가장 존경하는 인물을 써보라 하니 90%가 외국의 인물을 썼다. 왜 우리의 조상들 가운데는 아이들이 존경의 대상이 되는 인물이 없었더란 말인가? 절대로 그렇지 않다. 훌륭한 민족의 사표(師表)가 기라성(綺羅星)같이 많으셨건만 이를 가르치지 않고 있다는 말이다. 고작 역사의 인물로 외워서 시험에 대비하는 정도였던 것이다.

우리 대한민국(大韓民國)은 글자 그대로 크고도 위대한 한민족(韓民族)의 국가이다. 세계에서 가장 뛰어난 문자를 가졌고, 어느 나라말과 견주어도 그 표현에 있어 가장 섬세하고 우아한 표현을 할 수 있는 말을 지닌 일등 국가요 국민임을 자부하지 않으면, 다시 말해서 민족의 도(얼, 정신)을 잃어버리면 그 결과는 어떻게 될 것인가?

우리 한민족(韓民族)에게는 누구나 지니고 있는 뿌리 깊숙이 잠재되어 있는 공통된 의식이 하나 있다.

기독교, 불교, 유교, 도교, 무슬림의 정신은 우리 한민족의 정신이 아니요 정서는 더욱이 아니다. 구한말(舊韓末) 이래로 이 민족에게 전파된 다양한 종교들이 우리들의 의식이 대부분을 차지하고 있어 우리는 그에 따라 그저 움직이고 있지만, 우리의 무의식(DNA) 속에는 분명 그 무엇과도 견줄 수 없는 민족 얼의 무의식이 있어, 현실세계의 의식과 부조화를 이루고 있다는 것이다. 그래서 정신문화의 갈등과 부조화 속에서 필자를 포함한 많은 이들이 이것을 고민하면서 살고 있다.

하루 빨리 우리는 우리의 얼을 되찾아야 할 것이다.

그러면 우리의 무의식에 내장(內藏)되어 있는 그 것은 무엇일까?

더운 여름날, 한 선비가 아들과 함께 길을 가고 있었다. 마침 끼니 때가 되어서 시장기를 느낀 선비가 길가의 참외밭으로 들어갔다. 참외를 몇 개 따려는 것이었다. 이 때 아들이 하는 말, "아버지 누가 봐요!" 아버지 왈, "보기는 누가 본단 말이냐?" "하나님이 내려다 봐요!" 선비는 황급히 밭에서 나왔다는 옛 이야기이다.

어느 날, 유생과 스님이 담소하며 길을 걷다가 그만 한 사람이 돌부리에 걸려 하마터면 넘어 질 뻔하였다. "아이구, 하나님!" 두 사람이 합창하듯 외친 소리다.

그렇다. 이것이 우리 선조들이 그 옛날부터 무의식의 세계 속에 지니고 있던 경천(敬天)의 얼이다.

구한말(舊韓末) 많은 서양의 선교사들이 이 땅에 그리스도를 전파하는 기독교의 복음을 들고 찾아 왔다. 그들은 전도를 하면서 아주 큰 한민족의 하나의 정신을 발견하게 되었는데, 그것은 바로 하늘(하나님)을 경외(敬畏)하는 한민족의 얼을 보게 된 것이다.

선교사들이 들에서 농사일을 하는 농부를 만나서 말하기를

"할아버지 여호와를 믿으세요, 여호와께서 비를 내려 주시고 농사가 잘되도록 해 주십니다" 선교사는 이렇게 농부에게 여호와를 믿으라고 전도했다. 그런데 이 농부의 대답이 "예끼, 이 사람아, 천벌을 받을 소리하지 말게, 그런 것은 다 하늘의 하나님께서 하시는 일인데 무슨 경칠 소리를 하는지 모르겠구먼"

이번에는 밭을 매고 있는 아낙네에게 선교사가 말했다. "아주머니, 여호와를 믿으세요, 가난한 삶이 부자가 되고, 아픈 모든 병을 낫게 해 주시고 복을 주시는 여호와를 믿으세요!" 아낙네는 소스라치게 하는 말, "에구머니, 무슨 경칠 소리를… 우리 하늘님(하나님)이 들으시겠소, 세상만사는 모두 하나님이 하시는데 여호와를 믿으라니"

해서 선교사들은 도저히 전도할 방법이 없었다. 소속 교파를 초월해서 모여 의논을 했다. 한 선교사가 말하기를 "이 나라 사람들이 하나님을 가장 두려워하고, 의지하는 것 같으니 신의 이름을 '하나님'으로 바꾸자." 다른 이가 말했다. "십계명에 여호와의 이름을 망령되이 일컫지 말라"고 하지 않았는가? 그래서 그들은 성경에 하는 수 없이 "여호와 하나님"으로 정했다. 그 후에 한국에서 전도는 급물살을 타게 되었고 세계 기독교 역사상 유래를 찾기 어려울 정도로 성장했다.

이처럼 우리 한민족은 우리의 얼, 우리의 하나님을 잃고 의식의 부조화 속에서 혼돈의 삶을 살고 있다. 이에 더하여 지금은 불교, 유교 등의 외국에서 전래된 종교가 우리의 정신문화를 바꾸어 가고 있는 실정이다.

그렇다면 그 당시 선교사들이 남긴 글을 통해서 우리의 민족의 얼(정신, 잠재의식)을 알아보자.

"한국인이 가지고 있는 종교적인 생각은 외국으로부터 들어온 종교들과는 아무런 관련이 없고 원시적인 자연숭배와도 거리가 먼 하나님에 대한 신앙이다" (Herbert저, "The Passing Korea 1906, 404p)

"한국인들의 신앙체계의 가장 높은 자리에는 하나님이 있다. 대부분의 한국 사람들의 정신문화의 밑바탕에는 하나님 밑에 부처님이 있다" (Giford, Everyday Life of Korea, 1998, 88p)고 소개 하였다.

일제 강점기 전의 우리민족의 정신운동계몽가이셨던 한글학자 주시경(1876. 11. 7-1914. 7. 27) 선생께서 하신 말씀을 1895년 존. 번연의 천로역정을 한글판으로 제작했던 게일(J. S. Gale) 선교사는 이렇게 적고 있다.

"우리의 신은 크신 한 분으로 하나님으로 불리는데 한 크신 창조주가 바로 하나님이다" (Gale, Korean Ideas of God, 1900, 573p). 우리민족의 한글운동의 아버지 주시경 선생의 말씀이다.

"한국인들은 기독교가 한국에 들어오기 이전부터 하나님을 숭배해 왔다. 그러기 때문에 여호와가 하나님인 것처럼 말해주기만 하면 된다. 그러면 한국인들에게 포교하는 일은 아주 쉬워질 것이다" (Underwood, Underwood of Korea, 1918, 125p)

아! 한민족이여, 이제 우리는 우리의 뿌리를 알 때도 되었지 않는가?

정신을 제대로 차리고 우리의 얼을 찾자!

무엇이 우리의 잠재의식의 주류를 이루고 있는지 깨달아서 이제는 혼돈된 삶의 가치관에서 벗어나서 보다 주체적인 삶, 더 높은 민족 얼을 계승 발전하는 우리가 되어야 하질 않는가!

그래서 새로운 한민족의 얼을 재창조 하는 일에 동참해야 할 것이다. 우리 한민족의 얼속에는 누구에게나 하나님이 자리하고 계신다는 말이다.

가장 중요한 사실은 우리 한민족이 섬겼던 하나님은 종교의 대상인 하나님이 아니라, 교리도, 어떤 집단적인 조직도 만들 필요가 없는, 더구나 종교적인 지도자들이 만들어 낸 수많은 헌금과 시주는 더 더욱 필요 없는 말 그대로 스스로 자존해 계시는 그런 하나님이시다는 말이다.

그 하나님이 언제, 어디서, 무엇을 가져다가 바치면 복을 주고, 영접을 안 하고 바치지 않는 자는 지옥으로 보낸다고 말 했던가?

다시 말해서 그 하나님은 내 마음 안에 언제나 자리하고 있고 언제나 자연을 경외하며, 생명 그 자체를 가장 소중히 여기고, 감사하는 마음과 정의로운 생각을 넣어주는 그 하나님을 이르는 것이다.

즉, 하나님은 내 마음이요, 일상의 나아가야 할 바른 길(道)이며, 늘 내 영혼을 비추는 거울이란 말이다. 이 위대한 한민족의 집단 무의식 속에 깊숙이 자리 한 존재가 바로 우리가 알아야 하는 하나님(하나의 진리)이시다.

2. 다물(多勿)

'다물' 이란 고구려의 연호요 건국이념이었다. 그 뜻은 '삼국사기'에 '려어위복고구토왈다물(麗語謂復古舊土曰多勿)이라 했으니, '옛 땅을 다 되 물리다', '옛 땅을 다시 찾자'이다. 5세기경 우리나라 역사상 가장 강성했던 고구려는 여러 제후국을 거느리고 동아시아 대륙을 호령했던 우리 민족사에서 가장 영토를 넓게 확보한 나라였음은 주지(周知)의 사실이다. 그럼에도 불구하고 또한 이 시기에 '다물'을 국시(國是)로 삼고 단군조선의 영토를 다시 찾기 위해(多勿) 매진한 한민족의 얼이 살아있었던 자랑스러운 우리의 조상이었다.

뿌리교육(역사와 국사)에 관한 한 대한민국은 참으로 이상한 나라이다. 이 땅의 5,000년 이 전의 역사적 유물은 그렇게 많지만, 역사기록은 삼국사기를 기점으로 2,000년에 머무르고 만 것은 너무나 애석한 일이 아닐 수가 없다. 매년 10월 3일은 개천절(開天節)이다. 우리 한민족이 개국한 날이다. 그날은 지금부터 4,343년 전의 역사이다.

우리나라 주변의 일본과 중국은 없는 역사도 날조해서 교육을 하는데, 왜? 우리는 많은 역사적인 사료와 유물들이 있음에도 작금의 국사교육은 왜 미온적이기만 한지 정말로 이해가 되지를 않는 부분이다. 그 이유는 참으로 부끄러운 역사이지만, 신라의 한반도 통일(한민족 통일)은 순수한 자력이 아닌 당(唐)나라의 외세의 힘을 빌린 통일이었기 때문이라고 생각된다. 우리 조상들은 그 대가(代價)로 대륙의 우리의 땅을 내어 주어서, 반도 안에만 머물러 저들의 눈치를 보면서 살아온 부끄러운 역사 때문이리라. 수 십 세기를 사대주의(事大主義)와 모화사상(慕華思想) 속에서 살아야만 했다. 단 한번 고려 말에 중국의 원, 명의 교체시기의 혼란기를 노려 최영장군이 대륙정벌을 실행코자 하였으나, 이성계의 위화도 회군으로 물거품이 되고 말았다. 이 또한 두 장군의 생각의 차이로 빚어진 고려의 비극으로 끝났다. 1392년 7월 16일 개성의 수창궁(壽昌宮)에서 이성계는 조선을 개국하였고 500년의 이씨 조선이 이 땅이 주인이 되어 27명의 왕들(명군과 성군, 폭군)이 다스렸지만 이조 말, 1910년에 결국 국운이 쇠하고, 이 민족은 수 백 년 동안 이 나라에 노략질과 도적질을 일삼아 오던 왜구의 후손인.

일본에게 이 강토를 송두리째 내어주질 않았던가!

암울하기 말 할 수 없는 일제의 강점기 36년 동안 이 나라는 주권도, 강토도 없이 마침내는 내 나라말까지 쓰지 못하고 1939년 11월 조선민사령(朝鮮民事領)을 발표하여 우리 조상 대대로 내려오는 성씨를 일본식 성으로 바꾸는 이른바 일제의 황민화(皇民化)로 이듬해 8월까지 322만호로 대한인의 80%가 성씨를 바꾸지 않았는가?

세상(물질)의 현상을 움직이는 것은 정신이다.

나라도 없고, 내 말도 없고, 성씨도 없는 이 민족은 뿌리와 얼을 잃어버린 채로 36년을 살아오다가 사필귀정(事必歸正)의 천지이수(天地理數)로 말미암아 해방을 맞았으나 오랜 혼란의 도가니 속에서 정체성을 찾지 못하고, 일제의 교육, 행정제도 등을 답습한 채로 대한민국 제 1공화국을 수립하였으나, 국운이 불행하여 우리가 원치도 않았던 한 민족간의 이데올로기로 동족상잔의 전쟁으로 잿더미로 변하고 말지 않았던가?

그 결과는 오늘까지 단일 민족인 우리가 서로 총 뿌리를 동포의 가슴에 겨냥하여 155마일 휴전선에는 잠 못 드는 밤이 지루하도록 이어지고 있지를 않는가!

그러함에도 이 민족의 면면히 흐르는 근면, 성실, 정직함이 반세기 동안에 온 세계가 경탄하는 오늘을 재화를 창출하고야 말았다.

우리의 불행한 근대사는 우리들로 하여금 먹고 살기에 급박한 생존경쟁을 가져오게 하였고, 수단과 방법을 가리지 않고 살아나야만 하는 마음의 조급과 스트레스로 우울의 깊은 늪을 헤매는 황량한 정신문화를 탄생케 하였다.

독자들이여!

이제 우리는 대한민국은 대한민국의 얼을 찾아야 하지 않겠는가!

그간에 일제에 짓밟히고, 전쟁의 포화에 놀랐던 한민족의 얼을 재발견 하여 인도의 시성 타고르가 극찬한 것처럼 인류사에 밝은 동방의 등불로서 사명을 다 할 때가 된 것이다. 우리 한민족의 얼 속에는 세계인류를 구원할만한 가르침이 있다. 이 지구촌을 환하게 비쳐주는 태양과도 같은 선현(先賢)들의 얼이 우리들 모두의 가슴 안에서 용트림하고 있는 것입니다.

과학도 철학도 종교도 모두 다 편하게 잘 먹고 잘 사는 일에만 매진하는 이 때에 우리 한민족의 정신유산이 아니고는 인류를 바로 인도 할 가르쳐 줄 교과서는 없다. 우리 민족의 뿌리를 찾는 일은 이미 다물(多勿)운동, 다물정신(多勿情神)이 있어 왔다. 고구려 시대 이후로는 활성화 되질 못했지만 그 가운데서도 얼 찬(얼 꽉 찬)사람들에 의하여 그 맥을 이어 왔다. 다물(多勿)이란 단지 우리의 옛날 영토를 회복한다는 것만 의미하질 않고, 우리들 정신문화 안에서 옛 영토와 지금 우리가 잊어버리고 살고 있는 한민족의 얼을 다시 찾자는 이야기다.

아래의 몇 가지는 우리가 다물(多勿)정신을 반드시 되찾아서 민족의 생각과 사상의 구심점으로 삼아 후손에게 길이 이어져야 할 내용들이다.

첫째로, 장구한 세월 동안에 우리들의 조상들이 아시아의 동쪽에 그 뼈를 묻은 곳이 어디인지를 분명히 알아야 한다. 마음만 먹으면 지금 우리들의 국력으로 못할 이유는 조금도 없다고 본다. 지금의 국제정세로는 오랜 세월 동안 굳어져 버린 국경의 저편에 우리의 옛 땅을 되돌려 찾을 수는 없겠지만, 저 요동의 만주벌판 일대를 비롯하여 사방 수 백리에 걸쳐 대한민족이 살았었고, 그들의 뼈 또한 그곳에 잠들어 있음을 우리가 이제는 반드시 깨닫고 또 후손에게 가르쳐서 그 기상과 정신을 다시 찾고 이어가야 한다는 말이다.

온고이지신가이위사(溫故而知新可而爲師)이라 하지 않는가? 논어(論語)의 위정편(爲政編)에 나오는 공자의 말씀이다. "옛 것을 익혀 알고 새로운 것을 알면 가히 남의 스승이 된다는 말이다." 그렇다. 이제 이 아시아의 동편의 역사를 바로 알면, 시세말로 세계화

(Globalization)의 주역은 반드시 우리 한민족이 되어야 한다. 이미 UN의 총수가 대한국인이 아니던가! 다시 말하지만 그 조상의 얼을 알아야 정신이 바로 차있는 사람(정신 차린 사람)이 된다는 말이다.

둘째로, 우리 한민족은 최초의 개국부터 섬기던 신(神)이 있었다. 우리는 그 분을 '하나님'이라고 불렀다고 앞에서 말했다. 낮과 밤을 주관하고, 산천초목을 자라게 하며 땅과 하늘, 물속의 모든 생명체의 호흡과 생명과 그 순환의 세미한 부분까지 설계하고, 창조한 자연의 신, 그 분은 오직 한 분만 계시기에, 즉 저 하늘, 다시 말해서 그 끝이 어디인지 도무지 알 수 없는 그야말로 전지전능(全知全能), 무소부재(無所不在)의 힘(능력, 에너지, 기, 우리에게 정신을 넣은 그 분)을 기독교가 이 땅에 들어오기 훨씬 이전, 그러니까, 단군성조 때부터 우리는 그 '하나님'을 알고 역대의 모든 왕들은 문무백관을 거느리고 천단(天壇)에 올라가 국태민안을 발원(發願)하였음이라. 지금도 태백산과 마니산에 제천단(祭天壇)의 자취가 그대로 남아 있으니, 이 어찌 한민족이 "하늘(하나님)"을 바로 알았던 민족이 아니었다고 그 누가 부인 할 수 있겠는가?

그 '하나님'을 이제는 바로 아는 것이 다물(多勿)정신의 회복인 것이다.

우리는 그간에 이 하나님을 잊고 살아 왔다는 말이다. 이제 그 하나님을 바로 알고 우리들의 얼로 감사해야 할 때이다.

셋째로, 우리 한민족에게는 인류 최초로 경전(經典)이 있었다. 우선 경전(經典)이라는 말의 뜻을 찾아가 보자. 경(經)자는 가는 실사와 물줄기 경(巠)자가 합친 것으로 글 경(經)이라고 읽는다. 성경(聖經), 불경(佛經), 도덕경(道德經)도 같은 뜻이다. 이는 글을 통하여 물이 위에서 아래로 흘러가듯이 성현의 가르침을 후대로 이어 간다는 뜻이다. 다시 말하자면 우리들 삶의 교과서(Text)이다. 우리 선조들이 그 옛날 가르침을 통하여 배우고 익혔던 경전은 온 우주(宇宙)의 진리가 담긴 인류를 향한 가장 위대한 선물인 것이다. 그 동안 우리는 사대주의(事大主義)와 모화사상(慕華思想)에 젖어 있어 참으로 귀중한 보화를 묻어 두고 지내왔던 것이다. 그러나 이제라도 늦지 않았으니 이 "참 가르침의 도(眞理)"를 익히고 소중히 여겨 우리 후손들의 얼속에 심어야 할 때이다. 더 늦기 전에…

그 경전의 이름은 바로 천부경(天符經)이다. 더불어 이 '천부경'의 해설서로 두 권이 더 있는데, 그 하나는 '삼일신고(三一神誥)요, 다른 하나는 참전계경(參佺戒經)이다. 이 세 권이 우리민족의 얼을 담은 민족정신 교과서이다.

넷째로, 우리 한민족의 고대(古代)사서(史書)들을 조금만 세심히 읽어 깨달아 보면 한민족의 문명의 시원을 바로 알 수가 있다. 지금까지의 역사는 우리 민족이 중국의 글자, 즉 한자와 한문과 원래는 우주적 진리이지만, 동양사상의 핵심인 태극, 음양오행, 주역 등이 우리민족에서 출발하여 중국, 일본으로 전하여졌음에도, 마치 중국에서 출발하여 한국으로, 일본으로 전해진 것처럼 잘못 알고 있는 것이다. 뿐만 아니라 중국이 쓰는 한자도 우리 한민족(東夷族)의 금문과 갑골문자에서 비롯된 사실적인 한민족의 언어를 바탕으로 된 것을 중국의 학자들도 시인하고 있다. 중국 문학가 임어당(林語堂)선생도 한자는 동이족이 만든 것이며, 공자도 동이족이다고 했다.

이렇듯이 우리는 우리의 것을 빼앗기고도 그 도적놈이 누구인지도 모른 채, 아니면 설령 알아도 국제사회의 여러 문제들 때문에, 모른 척 하는지…

어찌되었던 이제부터 우리 위대한 한민족이여!

민족정신 다물(多勿)정신을 다시금 되찾아서 북방의 오랑캐의 자손들과 현해탄 너머의 왜구의 후손들이 이제는 더 이상 이 대한민국의 국토를 저들의 것이라고 우기지 못하게 할 것이며, 지난날 우리 조상들의 찬란했던 문화에 더 이상 흠집을 내지 못하게 안으로 우리의 민족혼을 깨워야 할 때임을 명심하고 또 명심하자!

우리의 세계사의 뒷면에 가리워졌던 찬란한 민족혼을 다시금 꽃피워서 그 향기를 지구촌 곳곳마다 퍼뜨려서 인류를 사랑하고 하나님께 진실로, 진실로 감사하는 한국인 되기를 부탁 올린다.

3. 종교

세계사를 보면 어느 민족이나 부족을 막론하고, 어떤 형태로든 신앙(信仰)이라는 형태로 믿는 종교(宗教)를 하나 이상씩 가지고 있다. 종교란 말의 어원(語源)을 살펴보면 영어로는 Religion, 라틴어로는 Religio로 '인간이 초자연적인 존재에 대한 경외심과 그것을 표현하는 의례행위이다'로 정의 된다. 한자어의 종(宗)자는 마루 종 자(字)로 '어떤 것의 근본이나 가장 큰 우두머리 또는 으뜸을 의미한다.' 기실 이 마루 종 자는 제사의 장소(제단)을 형상화 한 글자이다. 간단히 말해서 영어의 Religion은 '신(god)을 경외(敬畏)한다' 이고, 한자의 종교(宗教)는 '자신의 뿌리에 대한 깨우침'을 말한다.

원시신앙의 대상은 땅의 동식물이나 아니면 바위나 폭포, 무생물을 포함한 자연현상들, 하늘의 일월성신(一月星辰), 바다의 용왕 등이 있었다. 아니 지구촌 곳곳에 아직도 존재한다.

이러한 자연물을 믿음의 대상으로 하는 신앙형태를 토테미즘(Totemism), 애니미즘(Animism), 마나이즘(Manaism)이라 부른다. 신앙이란 처음에는 대부분 이런 형태로 출발한다. 이렇게 기초가 형성되다가 그 차원과 문명의 발달로 점차 진화하여 다신숭배(多神崇拜) 사상은 유일신(唯一神) 개념으로 통합 발전한다.

기독교의 '야훼(여호와)', 이슬람의 "알라", 우리 선조들이 섬겼던 '하나님' 등이 그 예이다. 그러나 유일신사상에도 그 차이점은 있다. 야훼나 알라신의 유일신 개념과 우리 민족의 유일신 개념은 큰 차이를 가지고 있다. 그것은 기독교나 이슬람의 개념은 '유일신'은 오직 여호와로서 하늘에 계신 존재로서 구원과 심판이라는 큰 힘을 손에 쥐고 있고, 그 관계는 언제나 주종(主從)에 있다. 그래서 그 주권에 손톱만큼의 의심이나 도전이 있다면 돌이킬 수 없는 불경죄(不敬罪)로 심판의 자리에 서야 할 것이며, 이는 내세에도 천당과 지옥이라는 양분된 개념을 놓고 섬기는 자들의 행위와 결단에 따라서 결정 지워 진다고 한다.

그러나 우린 한민족이 섬겼던 '하나님'은 인간과 함께 존재하는 것이다. 그래서 삶 가운데서 슬플 때는 같이 울고, 기쁠 때는 같이 웃는 생사고락을 같이 하는 존재이시다. 단지 인간의 사사로운 욕심으로 그 실존이 가리워져서 깨닫지를 못하는 것이다. 민족경전은 이 사실을 가르침으로 삼았다.

서양의 철학은 양극성이나 이원론(Dualism)을 주장해 왔다. 가령, 선과 악, 미와 추, 나와 너로, 몸과 영혼으로 구분되는 논리이다. 그러므로 자연은 곧 정복의 대상이었다. 거기에 저들의 종교가 큰 영향을 끼쳤다. 서양의 사상에 지대한 영향을 미친 두 개의 종교가 있었다. 그 하나는 조로아스터교(Zoroastrianism, 一教, 고대 페르시아의 종교로 유일신 아후라 마르드다. Ahura Mazda를 믿는 종교로 오늘날의 이란의 동북부로부터 아프가니스탄까지 전파된 선과 악의 유일신 사상)였고, 다른 하나는 기독교였다.

조로아스터교는 B.C 12세기경 페르시아에서 발생하여 성행하다가 A.D 7세기경 이슬람교가 대두하면서 쇠퇴하였다. 조로아스터교는 유대교, 기독교, 이슬람교의 탄생은 물론 인류의 정신사에 지대한 영향을 미쳤다. 이 종교의 교조 조로아스터(본명은 짜라투스투라이며 조로아스터는 그리스식 발음)는 지난 3,000년간 동서양을 지배했던 부정성 이원론의 창시자라 할 수 있다. 그는 경전 아베스타(Avesta). 야스나(Yasna)에서 세상을 선한 영과 악한 영들의 전쟁터라고 묘사했다. 조로아스터교의 선악론(이원론)의 특징은 농경문화는 선으로, 유목문화는 악으로 설정한 것이다.

"선한 사람은 농사를 지으며 악한 사람은 농사를 짓지 않는다. 오! 마즈다, 창조신이여, 농부 아닌 사람은 아무리 성실해도 이 종교에 참여할 자리가 없나이다" (세계종교사, J.B 노스, 윤이흠역 170p)

그 다음 기독교는 '지금 우리에게 너무나 가까이 있어서 여러 말이 필요가 없을 것 같다.' 단 조로아스터교와 대비되는 것 한가지만 알아보자. 기독교의 경전인 성경의 창세기 4장에 보면, 인류의 조상인 아담과 이브에게서 난 두 아들 가인과 아벨이 등장하는데, 이 두 사람이 야훼 하나님께 제사를 드렸는데 형인 가인은 땅의 소산(농산물)을 드렸고 동생인 아벨은 양(유목의 소산)을 드렸다. 그런데, 야훼께서 동생의 제물은 열납(說納)하였고 형의 제물은 열납지 않았다고 기록되어 있다. 이에 화가 난 가인은 동생인 아벨을 쳐서 죽였다. 이후의 구약성경의 흐름은 이 사건을 기점으로 선과 악이 대립으로 전개된다. 물론 아벨은 선의 상징이고 가인은 악의 상징으로 말이다. 여기에서 그 시대의 이스라엘은 유목민이었다는 점이다. 선과 악의 설정이 조로 아스터교와는 반대이다.

주목할 점은 조로아스터교나 기독교는 신과 인간은 언제나 수직관계에 있고, 인간과 인간의 관계는 대립관계에 놓여있다는 점이다. 높고 낮음이 있고, 대립된 구분이 있다면 갈등과 투쟁은 언제나 필연적인 것이다. 그 결과로 중요한 것은 인류의 정신문명은 깊은 수령 속에서 나올 수가 없다는 것이다. 금세기의 문명을 주도했던 서양의 과학, 철학, 신학 등의 모든 학문 등은 인류를 이원론으로 인도하여 이 지구촌을 절체절명의 몰락 위기로 몰고 온 주역들이다. 이 지구상의 오늘날의 현실은 어떠한가? 이원론적 이데올로기의 헤게모니(주도권)을 잡기 위한 각축장, 즉 보이지 않는 전쟁의 아수라장이 되질 않았는가? 너와 나를, 너의 나라와 나의 나라의 이익을, 선과 악을 부르짖으면서 지구촌 어디에선가 지금도 살인, 방화, 폭탄테러, 정권의 몰락, 개인의 우상화, 공포, 기아, 질병은 그 악순환들이 되풀이되어 일어나고 있다.

지구촌의 몰락이 눈앞에 와있다.

지금 필자가 말하는 것은 어찌 보면, 기존의 학자들, 특히 종교적 기득권층이 말하는 논리에 비하면 세상 사람들의 눈에는 웃기는 이야기라고 생각 할 수도 있다. 그리고 그것은 불가능 하다고 할 것이다. 이 이야기는 하나의 진리로 통합되어 그렇게 실천되리라는 생각이 아닌, 단지 그랬었고, 그러하며, 또 그렇게 간다면 결국은 인류의 파멸만이 다가오리라는 예견일 뿐이다. 그래서 귀 있는 자는 듣고 무엇이 모순인지 깨달아서 한민족의 한얼사상을 회복하여서 인류공영에 이바지 하자는 말이다. 너무나 작은 것에 집착하지 말자는 말이다.

그리스도가 이 땅에 오시어 하나의 진리를 전파했고, 공자나 석가모니도 하나의 진리만을 이야기 했지만, 지금을 둘러보라! 각 종교마다 교단을 만들어서 너와 나의 생각을 둘로만(이원론)정의하고, 내 생각이나 논리에 다르다면 무조건 틀렸다는 쪽으로 가고 있질 않는가?

하나인 전체, 즉 몸과 마음이 다르질 않고, 우주를 둘로 분리하여 생각할 수가 없고, 태양이 두 개가 존재하질 않는 것처럼 말이다. 정말 우습게도 하나인 전체를 둘로 나누어서 그 하나를 진선미(眞善美)라 하고, 다른 하나를 위선, 악함, 추함으로 생각함으로

써, 그 결과 양자는 끝이 없는 대립과 갈등으로 인류의 사상을 이끌어 온 이원론, 기계론적 사고의 틀(Frame)은 20세기에 '양자역학(Quantum Mechanics)'의 등장으로 그 근본이 완전히 무너지고 있다.

도대체 '양자역학'이라는 낯선 물리학 이론이 생활과 무슨 관계가 있을까? 이 질문에 대답하기 위해 반도체 없는 컴퓨터를 상상해 보자. 반도체가 없다면 노트북, 스마트폰과 같이 작은 컴퓨터의 탄생이 불가능했을 것이다. 현대 물리학의 기초인 양자역학은 컴퓨터의 주요 부품인 반도체의 원리를 설명하는 등 현대인의 삶에 지대한 영향을 끼치고 있는 많은 기술들의 이론적 바탕이 됐다. 또한 양자역학은 과학기술의 측면뿐 아니라 철학, 문학, 예술 등 다방면에 중요한 영향을 미쳐, 20세기 과학사에서 빼놓을 수 없는 중요한 사건으로 꼽힌다.

덴마크의 물리학자 닐스 헨리크 보어(Niels Henrik David Bohr. 1922sus 원자구조론으로 노벨물리학상 수상 1885-1962)의 '상보성(Complementality)' 이론은 '빛은 하나의 입자이면서 파동임 이 그 실체' 임을 밝혔다. 이제 이 상보성이론은 1905년의 아인슈타인의 '빛 알갱이 이론(Light Quantum Theory)'을 뒷받침하는 아주 위대한 발견이었다. 아인슈타인은 빛을 파동이 있는 '알갱이'로 설명했다. 그렇다 세상의 모든 존재물들을 가장 작은 알갱이 즉, 양자(量

子)로 이루졌는데, 둘이 서로 다른 각각이 아닌 서로 상응하면서 존재 한다는 이론이다. 다시 말하여서, 둘은 대립이 아닌 상호보완(相互補完)하여 하나로 존재한다는 것이다. 이제는 이 상보성이론이 물리학에서 세계관의 상징이 되었고, 세계의 지식계에 만물의 특성으로 인정하는 정설(正說)로 자리매김되었다.

이 양자역학(量子力學)은 20세기 들어서 지구의 물리학자들이 발견한 자연이치의 위대한 발견이다.

그러나 이 이론은 우리들 선조들이 이미 7,000여 년 전, 이 땅에서 '천부경(天符經)'을 통하여(一始無始一, 一終無終一) '시작과 그 끝도 하나이다'라고 밝혔다. 이 위대한 한민족(韓民族)에게 일찍이 가르쳐 주신 "조화와 통일(Harmony & Unification)의 진리였음에 우리는 큰 자부심을 가져야 할 것이다. 그래서 이 정신(얼)을 되찾자는 것이다.

끝으로 결국은 '몸과 맘, 너와 나, 기(氣)와 이(理)는 하나이며 신과 인간도 하나이다'는 것이다. 작금에 지구촌 정신문화의 위기의 시대를 맞이하여 서구인들까지도 동양사상을 기웃거리지만 그들 또한 한민족(韓民族)의 한얼사상을 배워서 깨달음을 얻어야 할 것이며, 그 구원의 참 빛은 우리 한민족을 통해서 비추어질 것이다.

4. 깨어나라! 천손(天孫)이여.

민족과 종족은 그 개념부터 다른 것이다. 민족은 문화적인 카테고리(Category)이고, 종족은 혈통, 즉 DNA가 같은 집단을 말한다. 필자는 독자들의 입장에서 이미 일반에게 익숙한 말로서, 우리 민족을 한민족(韓民族)이라 불렀지만, 사실은 역사 속에서 장구(長久)한 세월 동안 자신들을 지칭(指稱)하여 '천손(天孫)' 이라 불러왔다.

고려 말의 문신(文臣)이며 주자학의 대가(大家)였던 목은(牧隱) 이색(李穡, 1328-1396)은 자신의 시(詩), '부벽루(浮碧樓)'에서, "천손(天孫)들은 지금 어느 곳에서 노니시는가!" 라고 한민족의 회한(悔恨)을 읊었다. 이처럼 고려 말까도 고조선, 북부여 고구려의 후손들을 천손(天孫)이라 불렀고, 한인(한국), 한웅(배달국), 단군(고조선), 해모수(북부여), 고주몽(추모, 고구려 동명성왕), 박혁거세(신라), 김수로(가야) 등의 건국시조들은 모두 천손(天孫, 하나님의 자손)임을 표방(標榜)하여 왔다.

한민족은 천손임에 틀림없는 것은 역사가 이를 증명하기 때문이다.

고대사회를 꽃피웠던 인류문명의 4대 발상지가 있다고 배웠다. 그것은 지중해와 나일강 유역의 이집트문명과 페르시아만 유역의 티그리스강과 유프라테스 강을 끼고 발생한 메소포타미아 문명과 인도 갠지스강 유역의 인더스 문명, 그리고 중국의 황하강 유역의 황하문명이 그것이다.

B.C 5000-2000년 경에 발생하였으며 이는 현세문명의 기원이라고 했다. 그러나 이보다 훨씬 이전 B.C. 8000-7000년 경에 발생한 문명이 있었으니, 이는 한민족이 꽃피웠던 용산문화(龍山文化)와 요하문명(遼河文明)의 발견이 바로 그것이다.

우리민족 최초의 국가는 한국(桓國)이었다. 桓 字의 음(音)이 '한'이냐, '환'이냐는 차후에 설명토록 한다. 삼국유사 첫 머리에 '옛적에 한국이 있었다(昔有桓國)고 했다. 고려 초에 원동중이 쓴 '삼성기 하편'에 보면 한국은 시베리아의 파미르 고원과 바이칼호를 중심으로 남북이 5만리. 동서가 2만리의 광활한 영토의 나라였다고 기록되어있다. 이 한국의 시작은 지금부터 약 9,200년 전이다. 7대(代) 한인(통치자)을 거쳐 역년(曆年)이 3,301년이다. 12분국(分國)으로 나누어 다스렸는데, 이 분국(分國)의 이름들이 진서사이(晉書四夷)등 중국고전에도 그 기록이 여실히 있고, 수밀이국, 우루국 등은 구약성경에도 나온다.

한국인은 나반과 아만의 후손이다. 견우와 직녀의 이야기는 나반과 아만의 결혼이야기다. 나반과 아만은 지구촌 모든 언어가 뜻하는 아빠, 엄마의 어원(語源)이다. 한마디로 한국(桓國)은 인류 문명의 시원(始原)이며 고대 인류의 종주국이었다고 할 수 있다. 9000년의 장구한 역사를 가진 민족은 한민족(韓民族) 하나뿐이다.

그렇다면 우리는 왜? 이러한 사실을 모른 채로 살고 있는 것일까? 일제 강점기하 1922년 1월에 조선총독부 산하에 '조선사편찬위원회'를 두고 단군조선을 신화로 만들고 한국사를 말살하여 민족정신을 송두리째 빼앗아 버린 민족적 비극의 역사가 우리들의 눈을 가리고 귀를 막으며 입을 봉해버렸기 때문이다.

왜! 해방 후에 이를 알면서도 우리 지식인들은 왜 가르치질 않는가?

그 당시 일본의 식민사학자인 일본인 이마니시류(今西龍)는 앞서 언급한 삼국유사의 '借有桓國'을 '借有桓因'으로, 여기서 나라 국(國)자를 인(因)자로 변조하여 국명(國名)을 인명(人名)으로 바꾸어 놓았다.

어디 그뿐이던가, 한국(桓國)의 뒤를 이어서 18대(代)에 걸쳐 1,565년간을 이어온 배달국(倍達國)과 심지어 47대(代), 2,096년간을 아시아 대륙의 맹주(盟主)요, 지도국으로 있었던 단군조선(檀

君朝鮮), 즉 고조선까지도 왜구의 후손인 승냥이들에 의하여 '전설화' 시켜버렸다. 이는 단군사 왜곡과 민족의식을 배제하여 일본족속의 우월성을 내세우려는 파렴치한 저들의 역사날조 내지는 역사의 도적질이었다.

2,000년도 채 안 되는, 섬나라가 위대한 한 민족을 먹으려니 명분은 단 하나, 우리민족혼을 말살하는 것이었다. 더욱이 통탄할 일은 저들이 날조, 왜곡해 놓은 잘못된 역사가 해방 후에는 친일파들이 민족교육의 수장이 되었고, 군사정권 때는 일본과 경제협력이라는 미명 아래, 행정서류에 단기를 쓰는 일 마져도 폐해버렸고, 그 후로는 역사 바로잡기에 뜻있는 자도 역사의 뒤안길로 사라지고, 이제는 먹고 살만하니 뉘라서 온고지신(溫故知新)하려 하겠는가!

지금도 저들은 천황력(天皇歷)을 쓰고 있는데, 우리는 단군조선을 그저 신화로만, 전설의 고향쯤 알고 있으니, 일본 왜구들의 조선정신 말살정책은 지금 까지도 저들의 의도대로 성공하고 있는 것이다!

아! 원통하고, 절통하도다, 저들이 날조한 단군신화를 믿고, 저들이 바꿔치기한 고구려, 신라, 백제의 역사, 그리고 500년 조선의 역사와 잘못된 민족정신을 그대로 따라가는 참 역사에 무지한 이 나라의 백성들이여, 죽은 후, 우리들의 후손에게 무엇을 남겨줄 것인가? 국가의 부(富)인가? 아니면 우리의 재산(財産)인가? 더 늦기 전에 깨어서 일어나라!

진(秦)나라의 시황제(始皇帝)는 자신의 권력을 구축하기 위하여 다른 사상의 모든 사서(史書)를 모두 불태워버렸다. 이를 분서갱유(焚書坑儒, B.C. 213)라 한다. 이와 더불어 유생(儒生)들 또한 생매장 하여버렸다. 이 때에 배달국(倍達國)이나 고조선에서 건너간 동이족(東夷族), 한민족의 모든 사서(史書) 또한 사라져 버렸다. 역사가 일천(日淺)한 저들에게 역사책다운 역사책은 별로 없음이 지극히 당연한 일이다.

일본 제국주의 무리들 또한 1910-1911년 1년간 우리들의 사서(史書)를 비롯한 51종(種), 20만권에 달하는 우리민족의 주요서적들을 강제로 수거하여 불살라버렸다. 이에 더하여 1937년까지 집요하게 14,950여 종(種類)을 불태워 없애버렸으니, 도대체 그 수량이 얼마이던가? 이것은 일제에 의한 것만이 아니었다. 이조시대에도 억불숭유(抑佛崇儒)정책 등으로 많은 수의 책들이 소실(燒失)된 것은 무지한 지배자들의 욕심이 민족정신문화를 그르치게 한 또 하나의 이유이기도 하다.

이러한 일련의 사건은 단지 책이 불태워진 것으로 끝나는 일이 절대로 아니다. 이 땅에서 인류의 시원(始原), 생명의 원리, 우주의 비밀과 신비 등을 후손들이 알 수 가 없도록 한 것이기에, 한 인간이, 한 나라와 민족이, 크게는 인류가 왜 사는지를 깨달아 알 권리를 막아버린 중대한 범죄이다.

아! 그러나, 하늘은 우리 한민족을 결코 버리질 않으셨던가!

이 나라, 이 땅의 천손(天孫)들에게 그 많은 계획된 지배계급과 제국주의 침략의 분탕질에도 불구하고, 지구촌 위기의 시기에 세상을 구원할 진리의 문을 다시금 열어주시어서, 우리가 그 동안 잃어버렸던 민족혼을 다시 깨우게 할 고대의 사서(史書)들을 하나 둘씩 세상에 등장시키시고 있다. 아! 정말 감사한 일이다. 조선 숙종 2년(1675)에 쓴, 고조선 단군 재위기간과 치적을 기록한 '규원사화(揆園史話)', '한단고기(桓檀古記)', 천부경(天符經)', '삼일신고(三一神誥), '참전계경(參佺戒經)이다. 규원사화와 한단고기는 우리 한민족의 사서(史書)이고, 한민족이 참으로 알아야 할 천부경, 삼일신고, 참전계경은 깨달음을 얻는 삶의 경전(經典)이다.

깨어나자!

하늘은 한민족, 우리 천손(天孫)을 흔들어 깨우고 있다!

자, 이제 알(틀, Frame)에서 깨어서 날아보자!

하나님의 진실된 진리를 알고, 그리고 생명의 비밀을 깨달아서 인류공영에 이바지 할 그날이 바로 오늘, 이 날이로다!

5. 우리의 할아버지들

천손(天孫)인 우리 한민족(韓民族)만이 유구한 역사를 통하여 가지고 있는 독특한 문화가 있다. 그것은 효(孝)와 수련문화(修練文化)이다. 우리의 효(孝)문화는 타민족들의 부모사랑, 그것과는 그 개념이 다르다. 저들의 부모사랑은 내 것 사랑으로 자신의 이기심의 일환(一環)이지만, 우리의 효 사상은 하나님(하늘)을 받들어 섬기는 것이다. 부조(父祖), 부모님과 조상은 하늘에서 왔으니 곧 하늘(생명의 근원. 하나님)을 섬기는 것이다. 제사(祭祀)는 조상과 하늘(하나님)께 예(禮)를 정성을 다하여 표(表)하는 천손들만 할 수 있는 세계 유일무이(唯一無二)의 민족정신의 발로(發露)이다.

우리의 효 사상이 대(代)를 이어서 지켜지는 한 인류평화는 지켜질 것이다. 뿌리 없는 나무가 어디 있던가? 그 줄기와 가지가 자신의 뿌리를 일생 동안 잊지 않고 찾는 일이다. 그 뿌리를 끝없이 거슬러 올라가 보라. 그 곳에는 태초의 하나뿐인 하나님, 한 분 뿐이신 부모님이 계시지 않는가!

차제에 우리가 잘 알지 못하고 있는 조상(祖上)을 살펴보자. 한민족(韓民族)그 심원(深遠)한 뿌리를 거슬러서 올라 가보자.

첫째로, 한국의 건국시조(建國始祖)이신 한인(桓因, B.C. 7197)

천제(天帝)께서 한단고기(桓壇古記, 三星編)에서 말씀하시기를 파내류(波奈留, 파미르고원)산 아래에 한인(桓因)씨의 나라가 있었다. 그 땅의 넓이는 남북이 5만리, 동서가 2만여 리인데 이것을 모두 한국(桓國)이라 했다.

"옛날 한국(桓國)이 있었나니 백성들은 부유하고, 그 수도 많았다. 처음 한인(因)께서 천산(天山. 현 천산산맥, 天山山脈, 중국어: 티엔샨, 티엔은 하늘 천자의 중국발음)에 올라 도(道)를 얻고 오래 살았으니 몸에는 병도 없었다. 하늘을 대신하여 널리 교화(敎化)하시니 사람들로 하여금 군대를 일으켜 싸울 일도 없었고 누구나 힘껏 일하여 굶주림과 추위가 없게 하였다" (위는 한단고기, 삼성기 전, 하의 인용문이다)

둘째로, 한웅천황(桓雄天皇, B.C. 3897, 배달국(倍達國) 건국시조)

하나님의 명을 받들고 천부인(天符印)을 가지고 오사(五事)를 주관하였으며, 세상과 하늘의 이치에 맞도록 교화(敎化, 在世理化)하여 사람을 널리 이롭게(弘益人間) 하셨다. 도읍을 신시(神市)에 세우고, 나라이름을 배달국(倍達國)이라 하였다. 한웅(桓

雄)이 무리 3,000을 거느리고 태백산 꼭대기 신단수(神檀樹) 아래로 내려온 곳을 신시(神市)라고 하였으며 이 분을 황웅천황(桓雄天皇)이라 한다. 풍백(風伯), 우사(雨師), 운사(雲師)를 부리시어 곡식과 임금의 명(命)과 형벌과 질병과 선악 등 360여가지 일을 맡아 다스리게 하였다. 또한 세상을 자연의 이치에 맞도록 교화하여 사람을 널리 이롭게 하였다.

환웅천황이 처음 하늘을 열어 백성을 교화할 때, 천부경(天符經)이나 삼일신고(三一神誥)를 가르쳐 백성을 크게 깨우쳤다. 모두 삼신(三神)을 한 뿌리의 조상을 삼았으며 소도(蘇塗)를 관리하고, 관경(官境)을 지키고, 무리와 의논하여 화백(和白)을 이루고 지혜와 생업을 함께 힘쓰며 살았다/(위는 한단고기, 삼성기 전 하의 인용문이다)

셋째로, 태호복희(太昊伏羲, B.C. 3511, 5대(代) 태우(太虞)의 환웅의 막내아들)

배달국(配達國) 5대 태우의 환웅은 열두 아들을 두었다. 맏아들이 6대 태우인 다의발(多儀發) 환웅이며, 막내아들이 태호(太昊)이다. 이 태호(太昊)를 복희(伏羲)라고도 한다.

복희는 어느 날, 삼신이 자기 몸에 영(靈)으로 내리는 꿈을 꾸고 만가지 이치를 통찰하게 되자 곧 삼신산으로 올라가 제천(祭天)하고 천하에서 쾌도(快道)를 얻었다. 그 획은 세 번 끊어지고 세 번 이어져 자리를 바꾸면 세상일을 미리 알게 되어 그 오묘함은 삼극(三極)을 포함하여 끝이 없었다. 8괘와 주역은 복희의 한역을 달리한 이름이다. 중국은 복희를 자기들의 시조(始祖)라 주장하지만 저들의 삼황오제(三皇五帝)는 모두 동이족(한민족)이다.(신시본기(神市本紀)

복희는 신시에서 태어나 우사의 자리를 세습한 후 뒤에는 청구(靑丘)와 낙랑(樂浪)을 거쳐 진으로 옮겨 수인 소유와 더불어 서토(西土)에 이름을 떨쳤다. 그 후손이 풍산(風山)에 흩어져 살았기 때문에 성(姓)을 풍씨(風氏)라 하였다. 여기서 서토(西土)에 이름을 떨쳤다 함은 한국의 12연방 중 수밀이(수메르) 등지에 펴져 살면서 괘와 숫자 등을 사용한 것으로 보인다.(밀기, 密記) '중국역대제왕록' (중국역대제왕록, 1989, 상해문화출판사)에 보면, 제일 먼저 "태호복희의 성을 풍씨이며 동이족(東夷族, 한민족)" 라고 했고, 사기(史記)의 저자인 사마천(司馬遷)도 '태호복희의 성은 풍씨이다' 고 하였고, 중국 최고(最古)의 지리서(地理書)인 산해경(山海經)에는 '태호복희, 염제신농, 현원 등 8대(代) 임금들이 숙신(조선)국에서 왔다' 고 했다.

넷째로, 치우천황(蚩尤天皇, B.C. 2706, 자오지 한웅).

다음은 중국 사기(史記)의 첫 머리에 나오는 글이다. “황제는 소전의 아들이며 성은 공손, 이름은 헌원이라 한다. 그는 태어나면서부터 신령스러웠다.…그러나, 치우가 포악하여 정벌할 수 없었다” 라고 개국시대에 가장 두려웠던 인물이 ‘치우’ 였음이 중국 최초의 개국사기에 적혀있다. 그러면 치우가 누구였기에 이토록 두려워했던 것일까?

14대(代)를 지나 자오지 한웅이 나섰는데, 그는 귀신 같이 용맹이 뛰어났다. 그는 동두철액(銅頭鐵額, 구리 머리에 쇠 이마)를 하고, 큰 안개를 일으켰으며 광석을 캐고 병기를 만드니 천하가 크게 두려워하였다. 세상에서는 그를 치우천황이라고 불렀다.(삼성기 전 하)

천황은 형제와 가문에서 장수가 될만한 사람 81명을 뽑아서 모든 군사를 맡기고 갈로산에서 철을 캐어 병기를 만들어 탁록(涿鹿)을 쳐서 함락시키고 구혼으로 올라가 연전연승 하였다. 그 기세는 마치 질풍노도 같아 모든 적군이겁을 먹고 항복한바 한해에 무려 아홉 제후국의 땅을 함락시켰다. 다시 군사를 정비하여 양수를 거쳐 공상에 이르렀다. 공상은 지금의 진류(陳留)이며 유망이 도읍했던 곳이다. 그는 이 한 해에 열두 제후의 나라를 점령하니, 이 때에 죽은 시체가 들에 가득하여 서토(중국동북부 영토) 사람들이 두려워 숨지 않은 자가 없었다고 한다. 때에 유망은 소호와 연합하여 대항했으나 천황은 예과와 옹호극을 큰 안개를 일으키며 적을 혼미케 하여 혼란에 빠지게 하였다. 소호는 크게 패하여 유방과 함께 도망하였다. 이에 치우천황은 하늘에 제사하면서 천하의 태평을 맹세하고 다시 군사를 집결시켜 탁록을 포위한 다음 단숨에 멸망시켰다(신시본기, 新市本紀)

다섯째로, 단군왕검(檀君王儉, B.C. 2333, 고조선개국시조)

개전 후 1565년 10월 3일에 신인왕검(神人王儉)이라는 분이 있어 오가(五加) 의 우두머리로서 무리 800명을 거느리고, 단목 있는 곳에 와서 무리와 함께 제사 드렸다. 그는 더없이 덕이 높고 어질어 하늘의 뜻을 이어나갔다. 이에 구한(九桓)이 모두 기뻐하여 임금으로 받들었다. 이분이 단군왕검(檀君王儉) 이다. 신시(神市)의 옛법을 다시 회복하고 아사달(阿斯達)에 도읍을 세워 나라이름을 조선(朝鮮)이라 하였다.

단군왕검은 이런 가르침을 내렸다.

"하늘의 뜻은 언제 어디서나 하나이고 사람의 마음도 마찬가로 한가지라. 이런 까닭에 스스로를 살펴보아 자기의 마음을 알면 이로써 다른 이의 마음도 살필 수 있느니라. 다른 이의 마음을 잘 교화하여 하늘 뜻에 잘 맞출 수 있다면 세상 어느 곳에서도 잘 쓰일 수가 있느니라" 하셨고,

“하늘의 법은 오직 하나뿐이며 그 문은 둘이 아니다. 마음을 하나로 하면 하늘에 이를 수 있다…. 너희는 오직 어버이로부터 났으며 그 어버이는 하늘에서 내려왔다. 너희는 어버이를 공경하는 것이 곧 하늘을 공경하는 것이다. 이것이 충효(忠孝)이다. 너희가 이 도를 본받으면 하늘이 무너지는 일이 있어도 화를 면할 것이다.

50년(정사)에 홍수가 범람하여 백성들이 살 수가 없었다. 임금이 풍백(風伯), 팽우(彭虞)에게 치수(治水)를 명하여 큰 산과 물을 안정시켜 백성들이 편히 살게 되었다 한다. 우수주(牛首州, 강원도 춘천의 옛 지명)에 그 비석이 있다. 51년(무오)에 임금이 운사(雲師) 배달신(인명)으로 하여금 혈구(강화)에 삼랑성(三郎城)을 쌓고 마니산에 제천단(참성단)을 쌓게 하였다. 지금의 참성단(參星壇)이 그것이다.

단군이 세상을 뜨자 온 백성이 부모의 상(喪)을 당한 듯 슬퍼했다.(檀君世紀)

중국의 고전을 통하여 동이족(東夷族, 한민족)에 대한 수많은 기록과 단군조선에 관한 사회상을 볼 수 있다.

“군자(君子)의 나라가 북쪽에 있는데, 그 사람들은 서로 사양하기를 즐겨 하고 다투지를 않는다. 동방의 인국(仁國)이라 군자들

이 살고 있는데, 예절이 바르고 서로 사양하기를 좋아한다."(중국 최고(最古)의 지리서, 산해경, 山海經)

"그들은 인간성이 곧고 굳세며 용감하다. 이(夷)는 근본을 뜻하며, 생육의 뜻이다. 우리가 예(禮)를 잃었을 때는 동이(東夷)에 가서 배워야 한다."(후한서, 後漢書)

"그들은 도둑질하는 사람이 없어서 집도 문을 잠그지 않으며 부인들도 정조가 강하여 음란한 데가 없다."(한서, 漢書)

"그 사람들의 성품은 착하고 욕심이 적어 염치가 있다."(삼국지, 진(陳)나라의 학자 진수 저, A.D. 233)

6. 한민족의 이상

금세기는 서구문명이 견인차 역할을 담당했다고 해도 과언은 아닐 것이다. 저들의 사상과 종교는 현실을 변화시킬만한 능력과는 무관한 이념과 이상을 내세우다가 작금에 이르러는 총체적인 혼란 속에서 그 갈피를 잡지 못하다가 그 대안으로 동양 사상에 눈을 돌리고 있다.

명상(冥想)이나 참선(參禪), 요가 등의 심도 있는 수련연구가 폭발적으로 일어나고 있으며 기존의 종교나 사상 등은 급격히 줄어들고 있다.

서양의 종교나 사상이 현실에 무능하다는 말은 저들이 물질적 풍요와 생활의 편리성에 기여하지 못했다는 이야기는 아니다. 그것은 잘못 흘러가는 인간의 본성을 변화시키지 못했다는 말이다. 인간변화에 무능했을 뿐만 아니라 오히려 많은 문제를 내포한 심각한 개인주의적 성향만을 부추기는 결과를 나았다는 것이다. 자기 자신, 자기 나라의 이익만을 추구하는 글로벌경쟁의 시대가 종국에는 인류공영이 아닌, 인류파국이란 결과를 낳고 말았다. 인구의 증가로 먹고 살아야만 하는 절박한 사실이 자연파괴의 위험수

위를 넘어선 지가 오래되었고, 석유연료의 무분별한 사용은 대기층을 불안케 만들어 인간이 알지 못하는 기후의 변화는 이 지구를 자연의 원리에서 벗어나도록 만들고 말았다. 아니 그것은 사상의 문제만은 아닐 것이다. 정치의 문제만도 아니다. 이 지구의 운명이 그렇게 되어가는지도 모를 일이다.

그것은 결국 인간본성의 변화가 일어나서 지구의 온 인류의 공존공생이라는 대명제(大命題) 앞에 자연의 진리에 순응하는 방법이 있어야 가능한 일이다. 이에 지각(知覺)이 있는 서양인(Westners)들이 동양의 기본사상인 유불선(儒佛仙)에 관심을 가지는 것이다. 그래서 저들은 중국이나 일본, 인도 등지를 접해 보지만 결국은 아무것도 만나지 못할 것이며 그저 나라마다의 원시종교 및 사상만 접하는 아주 초보적인 변(邊)죽만을 맛보게 될 것이다. 왜냐하면 유불선(儒佛仙)은 한민족(韓民族)의 신교(神敎, 고조선 상고시대부터 우리민족이 국교로 받들어 온 생활문화이며, 유교, 불교, 도교, 기독교 등 기성종교의 근원이자 인류사의 뿌리)에서 파생되어 오랜 세월 동안 변화 되어진 것이기 때문이다.

일반적으로 불교(佛敎)라 하면 석가모니불(釋迦牟尼佛)을 생각하지만 이미 석가불(釋迦佛) 이전에 전불(全拂)시대가 있었다. 석가께서 설(說)한 화엄경(華嚴經)에 "해중에 금강산이 있는데 옛적부터 모든 보살들이 그 산중에 살고 있었다. 지금도 법기라는 보살이 1,200여명의 보살의 무리를 거느리고 금강산에 상주하여 불법을 설(說)하고 있다. 불교에 금강신(金剛神)과 금강경(金剛經)이 있는 연유도 여기서부터 출발된 것이리라.

삼국지(三國志, 옛날중국의 위(魏), 오(吳), 촉(蜀) 삼국의 정사(正史), 진(晉)나라 학자 진수 씀, A.D. 233-297)의 '동이전'(東夷傳), 진서(晉書)의 '마한전(馬韓傳)', 위략(魏略), '서이전(西夷傳)' 등에 보면 흉노의 '휴도', 서역의 '부도', '불도', '불타' 등이 모두 신교(神教)의 '소도(蘇塗)'에서 유래된 것으로 기록되어 있다.

유교(儒教)의 도(道)는 요(堯). 순(舜)의 도맥(道脈)을 기술한 것이다.(중용 30장, 논어 술이편) 요, 순은 배달의 동이족(東夷族)이 였으며, 공자 또한 동이족 이었다. 그는 스스로를 은(殷, 중국 최초의 왕조)나라 사람이라고 밝혔다.(禮記, 檀弓 上). 공자가 태어난 곡부 산동성 일대에는 은(殷)족이 살고 있었는데, 이들은 동이족으로 흰옷을 입고 백색을 숭상하였다.

중국의 논어, 예기, 설문, 산해경, 후한서 등에는 동이(東夷)를 가르켜 군자국(君子國)이라 극찬하고, 공자는 주역에서 고대 중국 성인들이 "신도(神道)로써 교화(教化)를 베풀었다"고 했다. 그러므로 유교의 군자나 제천문화는 단군조선(檀君朝鮮)의 신교(神教)로부터 전수 계승된 것이다.

도교(道敎)를 통칭하여 황노지교(黃老之敎)라 하는데 이는 황제(皇帝) 헌원(軒轅, 중국 건국신화에 나오는 최초의 군주, 문명의 창시자라고 저들이 말함)과 노자(老子)이기 때문이다. 그러나 기록에 보면 황제 헌원은 지우천황의 국사인 자부선사로 부터 가르침을 받고 경전 삼황내문(三黃內文)을 하사 받았다. 이 '삼황내문'이 도교와 의서인 '황제내경(皇帝內徑)의 뿌리이다.(삼성, 규원사화, 태백일사, 포박자)

기독교는 수메르 문명에서 출발한다. 모세의 5경은 수메르법전(함부라비-모세오경)에서 유래했으며, 바벨탑은 수메르인들이 만들었던 지구랏(Ziggurat) 이다.

유대인의 조상 아브라함은 수메르문명의 중심지 우르에서 가나안으로 이주했다. 수메르와 우르는 우리민족인 한국(桓國)의 분국이다. 즉 기독교의 먼 옛날의 그 뿌리는 한국에서 유래된 것이다.

이상 간략하게나마 유불선(儒彿仙)과 기독교(基督敎)에 관한 필자의 언급은 기존의 관념과 사상과 교육에 훈련된 사고로는 도저히 인정하기조차도 어려울 것이지만, 어찌되었던 세계의 문명은 분명 한민족으로부터 시작되었다는 민족적 자긍심만은 반드시 회복되어야 할 것이다. 시세말로 '붕어빵에는 붕어가 없다'는 말 같이 인도에는 불교가 없고, 중국에는 유교나 도교가 없고 이스라엘에는 기독교가 없다.

그러나 우리나라에서는 이 모든 종교들이 공존하면서도 종교간의 분쟁은 없다. 무슬림은 같은 종교 안에서도 수니파니, 시아파니 하면서 수백 년 동안 테러와 살인이 자행됨에도 불구하고, 우리 민족은 종교가 서로를 이해하는 측면에서 서로간의 영역을 침해하거나 비방하질 않는다. 어떻게 보면 참으로 당연한 일이다. 회삼귀일(會三歸一)이니 이상할 것이 없다. 참으로 현명하고 점잖은 민족이다. 이것은 우리의 얼 가운데 모든 종교사상의 뿌리가 자리 잡고 있기 때문이다.

저 유명한 신라 말의 대학자(大學者) 고운(孤雲) 최치원 선생의 글을 보자!

國有玄妙之道하니 曰風流라.
국유현묘지도 / 왈풍류
設教之源이 備詳仙史하니 實內包含三教하야 接化群生
설교지원 / 비상선사 / 실내포함삼교 / 접화군생
且如入則孝於家하고 出則忠於國은 魯司寇之旨也
오차여입즉효어가 / 출즉충어국 / 노사구지지야
處無爲之事하고 行不言之教는 周柱史之宗也오
처무위지사 / 행불언지교 / 주주사지종야
諸惡莫作하고 諸善奉行은 竺乾太子之化也라.
제악막작 / 제선봉행 / 축건태자지화야

(『삼국사기』「신라본기 진흥왕조 난랑비 서문」)

"우리나라에 현묘한 도가 있으니 이를 '풍류'라 한다. 가르침을 베푸는 근원은 선사(先史)에 상세히 기록되어 있거니와, 실로 삼교(유물선)를 포함하여 접하는 모든 생명을 감화시키는 것이 있다. 예를 들어 보면, 이는 곧 집으로 들어와서는 부모에게 효도하고 밖으로 나가서는 나라에 충성하는 것은 공자가 가르쳤던 뜻이요, 매사에 무위로 대하고 말없는 가르침을 행함은 노자의 가르침이며, 악한 일을 하지 말고 모든 착한 일을 받들어 행하라는 것은 축건태자(석가모니)의 교화니라."고 말씀하였다.

최치원 선생은 삼교의 창시자들을 그 흔히 쓰는 자(字)를 붙이지 않고 노사관(공맹자), 주주사(노자), 축건태자(부처)라 하였다. 이는 분명 그가 의식적으로 구사한 말이다. 이는 유불선 삼교가 우리의 현묘지도인 풍류에서 시작되었기 때문이다. 그렇다면 이 풍류는 어떠한 도(道)였기에 현묘지도(玄妙之道)라 할 수 있고, 삼교(三敎)의 창시자들에게 존칭이 아닌 경칭을 사용한 것일까? 뉘라서 이런 표현을 할 수가 있었던가!

그 답은 여기에 있다.

최치원 선생은 이를 풍류(風流) 또는 풍교(風敎)라 하였다. 그는 바람을 곧 생명의 본질로 보았던 것이다. 생명은 돌 때 (순환)팽이처럼 바람을 일으킨다. 바람은 생명이다. 원자에서 우주까지 돌지 않는 것은 없다. 지구(자전속도1,337km/h, 공전속도29km/s, 위도에 따라 다르지만 우리나라의 경우, 극점은 자전속도는 0으로)를 비롯한 태양, 은하계, 대우주가 돌 때 사계사시(四季四時)가 순환(Circulation)할 때, 생사가 서로 돌아갈 때, 바로 그때 바람이 일어난다. 생명의 이치(理致)가 곧 도(道)의 시작인 것이며 끝인 것이다. 생명은 곧 바람이요, 그 현상은 곧 흐름이다. 성경에서 성령을 바람(루아흐, 프뉴마)로 표현한다. 군생(群生)이 접화(接和)하는 것이다. 주역의 64괘(卦), 즉 우주만물에 담긴 생성과 변역의 원리는 풍류의 변화를 보여준다.

효와 수련은 한민족만의 독특한 문화임을 이미 말했다. 수련은 신교의 가르침 즉 현문지도인 풍류를 몸에 익히는 것이다. 수련은 일차적으로 심신(心身)의 건강을 가져오고, 그 결과 재세이화(在世理化), 홍익인간(弘益人間)을 이루어 가는 것이다. 배달국 환웅천황이 백성에게 천경신고(天經神誥)를 가르치며 시작된 수련문화는 고조선의 국자랑, 고구려의 조의선인, 신라의 화랑 등으로 그 맥을 이어왔다.

수련을 통한 자기완성은 나아가 이화세계(理化世界), 홍익인간(弘益人間)이 이루어진 세상, 그것이 곧 우리 한민족의 이상(理

想)이요 꿈이 아니었던가!

인류가 이루어야 할 그 이상의 꿈이 또 어디 있었는가?

온 인류의 평화공존과 번영은 이 꿈이 실현되어야 함에도 불구하고 이기심과 종교적 대립과 적대감으로 이 지구는 병들고 있는 것이다.

이 문제를 해결할 민족은 오직 우리 대한민국에서 나올 것이며, 지금도 UN의 수장으로서 그 사명을 감당하고 있다. 그러므로 이 꿈이 실현되지 않는다면 인류의 미래는 없다.

우리 한민족은 곧 천손이며, 인류의 영혼이다.

제4장

옥서(玉書)

진리와 진실이 흐르는 글

진실은 지혜와 용기를 준다.

1. 노랑 종달새의 기도

하나님!
저는 바람 속에서 당신의 목소리를 듣습니다.
그리고 당신의 숨결은 세상만물에게 목숨을 줍니다.

하나님
저는 당신의 많은 자녀들 가운데
작고 힘없는 아이로
당신의 힘과 용기가 필요합니다.

저를 당신의 아름다운 세계에서 걷도록 해주시고
저의 눈이 늘 자주 빛의 석양을 볼 수 있게 하소서

저의 손이 당신이 만드신 모든 만물을 존중하게 해주시고
저의 귀가 당신의 목소리를 들을 수 있도록 밝혀주소서

당신이 저의 부족에게 가르쳐주시려 하신 것을
저도 알 수 있도록 지혜롭게 해주시고
당신이 모든 나뭇잎과 바위 사이에 숨겨둔 가르침들을

제가 깨달을 수 있도록 해주소서

저는 저의 형제들보다 더 강해지기 위해서가 아니라
저의 가장 큰 적인 제 자신과 싸우기 위한 힘을 원합니다.

제가 깨끗한 손과 올바른 눈으로
언제라도 당신에게 갈 수 있도록
준비하게 해 주소서!

그래서 저 석양이 지듯이 저의 삶의 다할 때
저의 영혼이 아무런 부끄럼 없이
당신에게 갈 수 있도록 하소서

노랑종달새(라코타 수우족 인디언)

2. 예수 일언

내가 너희에게 이르노니 목숨을 위하여 무엇을 먹을까 무엇을 마실까 몸을 위하여 무엇을 입을까 염려하지 말라 목숨이 음식보다 중하지 아니하며 몸이 의복보다 중하지 아니하냐

공중의 새를 보라 심지도 않고 거두지도 않고 창고에 모아들이지도 아니하되 너희 천부께서 기르시나니 너희는 이것들보다 귀하지 아니 하냐 너희 중에 누가 염려하므로 그 키를 한 자나 더 할 수 있느냐

또 너희가 어찌 의복을 위하여 염려하느냐 들의 백합화가 어떻게 자라는가 생각하여 보라 수고도 아니하고 길쌈도 아니하느니라 그러나 내가 너희에게 말하노니 솔로몬의 모든 영광으로 입은 것이 이 꽃 하나만 같지 못하였느니라.

오늘 있다가 내일 아궁이에 던지우는 들풀도 하나님이 이렇게 입히시거든 하물며 너희일까 보냐 믿음이 적은 자들아

그러므로 염려하여 이르기를 무엇을 먹을까 무엇을 마실까 무엇을 입을까 하지말라 이는 다 하나님을 모르는 이들의 구하는 것이라 하나님께서는 이 모든 것이 너희에게 있어야 할 줄을 아시느니라 너희는 먼저 그의 나라와 그의 의를 구하라 그리하면 이 모든 것을 너희에게 더하시리라.

3. 보왕삼매론(寶王三昧論)

몸에 병 없기를 바라지 마라. 몸에 병이 없으면 탐욕이 쉽게 생기나, 그래서 성인이 말씀하시되 병고로써 양약을 삼으라 하셨느니라.

세상살이에 곤란 없기를 바라지 마라. 세상살이에 곤란이 없으면 업신여기는 마음과 사치한 마음이 생기나니, 그래서 성현이 말씀하시되 근심과 곤란으로 세상을 살아가라 하셨느니라.

공부하는데 마음의 장애가 없기를 바라지 마라. 마음에 장애가 없으면 배우는 것이 넘치게 되나니, 그래서 성현이 말씀하시되 장애 속에서 해탈을 얻으라 하셨느니라.

수행하는데 마(磨)가 없기를 바라지 마라. 수행하는데 마(磨)가 없으면 서원(誓願)이 굳건해지지 못하나니, 그래서 성현이 말씀하시되 모든 마군(魔軍) 으로써 수행을 도와주는 벗을 삼으라 하셨느니라

일을 꾀하되 쉽게 되기를 바라지 마라. 일이 쉽게 되면 뜻을 경

솔한데 두게 되나니, 성현이 말씀하시되 어려움을 겪어서 일을 성취하라 하셨느니라

친구를 사귀되 내가 이롭기를 바라지 마라. 내가 이롭고자 하면 의리를 상하게 되나니, 그래서 성현이 말씀하시되 순결함으로써 사귐을 깊게 하라 하셨느니라.

남이 내 뜻대로 순종해주기를 바라지 마라. 남이 내 뜻대로 순종해 주면 마음이 스스로 교만해 지나니, 그래서 성현이 말씀하시되 내 뜻에 맞지 않는 사람으로써 원림(園林)을 삼으라 하셨느니라.

덕을 베풀면서 과보(果報)를 바라지 마라. 과보를 바라면 도모하는 뜻을 가지게 되나니, 그래서 성현이 말씀하시되 덕 베푼 것을 헌신짝처럼 버리라 하셨느니라.

이익을 분에 넘치게 바라지 마라. 이익이 분에 넘치면 어리석은 마음이 생기나니, 그래서 성현이 말씀하시되 적은 이익으로 부자가 되라 하셨느니라.

억울함을 당해서 밝히려고 하지 마라. 억울함을 밝히면 원망하는 마음을 돕게 되나니, 그래서 성현이 말씀하시되 억울함을 당하

는 것을 수행하는 문으로 삼으라 하셨느니라.

이와 같이 막히는 데서 도리어 통하는 것이요, 통함을 구하는 것이 도리어 막히는 것이라. 도(道)를 배우는 이들이 먼저 역경에서 견디지 못하면 장애를 만날 때 능히 이겨내지 못해 진리의 보배를 잃게 되나니 슬프지 아니하랴.

4. 한밝송

한얼은 크고 밝은 우주의 정신
우주의 육체는 둥그런 한울
한울에서 한얼 받아 나온 너와나
얼기설기 한올 한알 이어져 있지

한알이 한얼임을 알지 못하면
저만 보고 이어진 올 보지 못해서
두려움과 욕심외엔 아는 것 없이
일생을 열매 없이 살게 되겠지

지구촌은 한울타리 한집안이니
곳간도 땔감도 함께 쓰면서
한마당에 어울려야 한이응하여
철따라 좋은 일이 끊이지 않지

한반도에 살고있는 한민족이여
우리 어찌 한길 한강 한밭을 몰라
한인 한웅 한검이 슬퍼하시네

지구촌에 한얼정신 되찾아 줄이
대대로 한얼이은 한민족이니
한반도에 사는 이여 한잠 깨어라!

제5장

최초의 경전

우리의 고대 경전은 인류 최초의 경전이며 아시아는 물론 수메르, 마야, 잉카 등 세계 문명의 모체이다.

그 내용은 신선, 붓다, 그리스도의 이상으로 재세이화 홍익인간이며 우리 민족의 수행서요 지침서이다.

1. 天符經

一始無始一析三極無

盡本天一一地一二人

一三一積十鉅無櫃化

三天二三地二三人二

三大三合六生七八九

運三四成環五七一妙

衍萬往萬來用變不動

本本心 本太陽昻明人

中天地一一終無終一

총81자(9×9)

2. 三一神誥

제1장 하늘(天)

帝曰爾五加衆 蒼蒼非天 玄玄非天

제왈이오가중 창창비천 현현비천

天無形質 無端倪 無上下四方

천무형질 무단예 무상하사방

虛虛空空 無不在 無不容

허허공공 무부재 무불용

제2장 일신(一神)

神在無上一位 有大德大慧大力

신재무상일위 유대덕대혜대력

生天主無數世界 造兟兟物

생천주무수세계 조신신물

纖塵無漏 昭昭靈靈 不敢名量

섬진무루 소소령령 불감명량

聲氣願禱 絕親見 自性求子 降在爾腦

성기원도 절친견 자성구자 강재이뇌

제3장 천궁(天宮)

天神國 有天宮 階萬善 門萬德

천신국 유천궁 계만선 문만덕

一神留居 群靈諸哲護侍

일신유거 군령제철호시

大吉祥 大光明處

대길상 대광명처

惟性通功完者 朝永得快樂

유성통공완자 조영득쾌락

제4장 세계(世界)

爾觀森列星辰 數無盡 大小明暗

이관삼열성신 수무진 대소명암

苦樂不同 一神造群世界

고락부동 일신조군세계

神勅日世界使者 舝七百世界 爾地自大

신칙일세계사자 한칠백세계 이지자대

一丸世界 中火震盪 海幻陸遷

일환세계 중화진탕 해환육천

乃成見象 神呵氣包底 煦日色熱

내성견상 신가기포저 후일색열

行翥化游裁物 繁殖

행저화유재물 번식

제5장 인물(人物)

人物 同受三眞 曰性命精 人全之 物偏之

인물 동수삼진 왈성명정 인전지 물편지

眞性 善無惡 上嚞通 眞命無淸濁 中嚞知

진성 무선악 상철통 진명무청탁 중철지

眞精 無厚薄 下嚞保 返眞一神

진정 무후박 하철보 반진일신

惟衆迷地 三妄着根 曰心氣身

유중미지 삼망착근 왈심기신

心依性 有善惡 善福惡禍

심의성 유선악 선복악화

氣依命 有淸濁 淸壽濁夭

기의명 유청탁 청수탁요

身依精 有厚薄 厚貴薄賤

신의정 유후박 후귀박천

眞妄對作三途 日感息觸 轉成十八境

진망대작삼도 왈감식촉 전성십팔경

感 喜懼哀怒貪厭 息 芬礀寒熱震濕

감 희구애노탐염 식 분란한열진습

觸 聲色臭味淫抵

촉 성색추미음저

衆 善惡淸濁厚薄相雜 從境途任走

중 선악청탁후박상잡 종경도임주

墮生長肖病歿苦 哲止感調息禁觸 一意化行

타생장소병몰고 철지감조식금촉 일의화행

改妄卽眞 發大神機 性通功完是

개망즉진 발대신기 성통공완시

3. 참전계경(參佺戒經)

제1강령 誠성 6체(體) 47용(用)

제2강령 信신 5단(團) 35부(部)

제3강령 愛애 6범(範) 43위(圍)

제4강령 齊제 4규(規) 32모(模)

제5강령 禍화 6조(條) 42목(目)

제6강령 福복 6문(門) 45호(戶)

제7강령 報보 6계(階) 30급(級)

제8강령 應응 6과(果) 39형(形)

참전계경은 366사(事)라고도 한다.

분량이 책 한 권 이상이라 그 구조만 제시했다.

제 6 장

옛향기

溫故知新 欲速不達

온고지신 욕속부달

1. 名句

덕불고 필유린

德不孤 必有隣

덕은 외롭지 않으니 필히 이웃이 있다.

인무원려 필유근우

人無遠慮 必有近憂

멀리 생각하지 않으면 반드시 가까이 근심이 있다.

파산중적이 파심중적난

破山中賊易 破心中賊難

산 중에 적은 파하기 쉬우나 마음에 적은 어렵다.

사자심상빈 검자심상부

奢者心常貧 儉者心常富

사치스런 이는 마음이 항상 가난하고 검소한 이는 항상 부하다.

옥불탁불성기 인불학부지도

玉不琢不成器 人不學不知道

옥은 다듬지 않으면 그릇이 못되고 사람이 배우지 않으면 길을 모른다.

일가화목 즉생복필성

一家和睦 則生福必盛

그 집안이 화목하면 곧 복이 생겨 번성한다.

복생어무위 환생어다욕

福生於無爲 患生於多欲

복은 행위없이 생기고 우환은 욕심 많은데서 생긴다.

과욕자 사무여련 생무랑우

寡欲者 死無餘戀 生無浪憂

욕심이 적은이는 죽음에 연연함이 없고 삶에 허황된 근심이 없다.

인일시지분 면백일지우

忍一時之憤 免百日之憂

잠시분을 참으면 오랜 근심을 면한다.

적선지가 필유여경 적불선지가 필유여앙

積善之家 必有餘慶 積不善之家 必有餘殃

선을 쌓은집엔 필히 경사가 있고 악을 쌓은 집엔 필히 재앙이 있다.

현부령부귀 악부령부천

賢婦令夫貴 惡婦令夫賤

어진 아내는 남편을 귀히 여기고 악한 아내는 남편을 천히 여긴다.

태산 불양토양 하해불택세류

泰山 不讓土壤 河海不擇細流

큰산은 흙덩이를 사양치 않고 큰바다는 물줄기를 가리지 않는다.

복생어청검 덕생어비퇴

福生於淸儉 德生於卑退

복은 청렴 검소함에서 생기고 덕은 낮추고 물러섬에서 생긴다.

양약고어구 이어병 충언역어이 이어행

良藥苦於口 利於病 忠言逆於耳 利於行

좋은 약은 입에 쓰나 병에 좋고 좋은 말은 귀에 거슬리나 행동에 좋다.

천하지난사 필작어이 천하지대사 필작어세

天下之難事 必作於易 天下之大事 必作於細

천하의 어려운 일은 꼭 쉬운 일에서 일어나고 천하의 큰일은 반드시 작은일에서 생긴다.

식견 불능자장 지재독서관이이

識見 不能自長 只在讀書觀而已

식견은 저절로 늘어날 수 없으니 다만 책을 읽고 이치를 살핌에 달려있을 뿐이다.

2. 名文

1) 人心難知(인심난지)

英廟 親臨揀擇 聚集士夫女子於宮中

영조 친임간택 취집사부녀자어궁중

問衆女子 何物最深 或言山深 或言水深

문중여자 하물최심 혹언산심 혹언수심

衆論不一 后獨日 人心最深 上問其故

중론불일 후독왈 인심최심 상문기고

后對日 物深何測 人心不可測也

후대왈 물심하측 인심불가측야

上又問 何花最好 或言桃 或言牧丹花

상우문 하화최호 혹언도 혹언목단화

或言海棠花 所對不一 后獨言日 棉花最好

혹언해당화 소대불일 후독언왈 면화최호

上問其故 對日 他花不過一時好 惟棉花

상문기고 대왈 타화불과일시호 유면화

衣被天下有溫煖之功也(大東奇聞대동기문)

의피천하유온완지공야

영조가 친히 임해 간택할 새 집사로 하여 부녀자를 궁중에 모이게 하고 모인 여자들에게 묻기를 '무엇이 가장 깊은가' 하니 혹은 산이 깊다하고 혹은 물이 깊다하며 의론이 분분할 새 유독 왕후가 말하기를 사람마음이 가장 깊다하므로 왕이 그 연고를 물으니 답하기를 사물의 깊이는 측량할 수 있거니와 사람의 마음은 측량할 수 없기 때문입니다. 왕이 또 묻기를 어떤 꽃이 가장 좋은가 하니 혹은 도화 혹은 목단화, 해당화라 하며 답하는 바가 같지 않거늘 왕후만은 면화라 하여 왕이 그 이유를 물으니 답하기를 다른 꽃들은 잠시 좋으나 면화만은 온 백성을 옷입혀 따뜻이한 공이 있습니다 하였다.

2) 蔡壽와 無逸(채수와 무일)

蔡壽有孫曰無逸 年僅五六歲 壽夜抱無逸而臥
채수유손왈무일 년근오육세 수야포무일이와
先作一句 詩曰 孫子夜夜讀書不 使無逸對之
선작일구 시왈 손자야야독서불 사무일대지
對曰 祖父朝朝飮酒猛 壽又於雪中 負無逸而行
대왈 조부조조음주맹 수우어설중 부무일이행
作一句 詩曰 犬走梅花落 語卒 無逸對曰
작일구 시왈 견주매화락 어졸 무일대왈
鷄行竹葉成(於于野談어우야담)
계행죽엽성

채수에게 손자가 있었는데 이름이 무일이다. 무일의 나이 겨우 대 여섯 살 때였다. 채수가 밤에 무일을 안고 누워서 먼저 시 한 구절을 지었다. "손자는 밤마다 책을 읽지 않는구나"하고 무일에게 댓구하라 했더니 손자는 "할아버지는 아침마다 술을 너무 많이 드신다"라고 했다. 채수가 또 한번은 무일을 업고 눈속을 지나다가 시 한구절 짓기를 "개가 달리니 매화가 떨어진다"하니 무일이 답하기를 "닭이 지나가며 댓잎을 그리네"라고 했다.

3) 天下三校(천하삼교)

天下有三教 儒佛仙也 主於仁義 以明己德

천하유삼교 유불선야 주어인의 이명기덕

明人之德 使君臣父子五倫齊明 萬物安識

명인지덕 사군신부자오륜제명 만물안식

昆蟲草木咸蒙其澤 而命至 則乘化歸盡 以順天賦

곤충초목함몽기택 이명지 즉승화귀진 이순천부

此聖賢之道也 主於淸淨 以水火鍊刑導氣

차성현지도야 주어청정 이수화연형도기

棄其軀殼 拔其精神 飛昇物外 飮以沆瀣

기기구각 발기정신 비승물외 음이항해

赤霞 咀日華月精 視塵寰如蜉蝣 等古今若朝暮

적하 저일화월정 시진환여부유 등고금약조모

歷千百劫 與世人絕 此老氏之道也 主於寂滅

역천백겁 여세인절 차노씨지도야 주어적멸

以智度爲母 方便爲父 法喜爲妻 慈悲爲子

이지도위모 방편위부 법희위처 자비위자

煩惱自除 無着無染 圓通自在 神變無碍

번뇌자제 무착무염 원통자재 신변무애

輪回路斷 地獄永滅 身壞而愈明 劫塵而益堅

윤회로단 지옥영멸 신괴이유명 겁진이익견

此釋氏之道也(小華詩評소화시평)

차석씨지도야

천하에 삼교가 있으니 유불선이다. 인의에 주를 두어 자타의 덕을 밝게 하고 군신부자의 오륜을 밝게 하며 만물이 직책을 편안케 하며 곤충초목도 그 혜택을 함께 입게 하고 명이 다하면 자연으로 승화되어 티끌로 돌아간다. 본성에 순응하는 것 이것이 유도이다. 청정함을 주로 하여 수화로 기운을 끌어 몸을 단련하며 껍질을 버리고 정신을 드러내며 이슬과 노을을 마시며 해와 달의 정기를 먹고 속세를 하루살이처럼 여기며 고금을 조석으로 생각하고 천백겁이 지나도 세속을 잊는 것 이것이 선도이다. 적멸을 주로하여 지혜 방편 법희 자비를 어미 아비 아내 자녀로 삼아 번뇌를 물리치고 착염없이 자유롭고 신변무애로 윤회를 끊고 지옥이 없어져, 몸이 멸해도 무한세월 총명하고 견고한 것 이것이 불도이다.

4) 五柳先生傳(오류선생전)

先生 不知何許人 亦不詳其姓字 宅邊有五柳

선생 불지하허인 역불상기성자 댁변유오류

因以爲號焉 閑靜小言 不慕樂利 好讀書

인이위호언 한정소언 불모락리 호독서

不求甚解 每有意會 便欣然忘食 性嗜酒

불구심해 매유의회 편흔연망식 성기주

家貧 不能常得 親舊知其如此 或置酒而招之

가빈 불능상득 친구지기여차 혹치주이초지

造飮輒盡 期在必醉 既醉而退 曾不吝情去留

조음첩진 기재필취 기취이퇴 증불린정거류

環堵蕭然 不蔽風日 短褐穿結 箪瓢屢空 晏如也

환도소연 불폐풍일 단갈천결 단표루공 안여야

常著文章自娯 頗示己志 忘懷得失 以此自終

상저문장자오 파시기지 망회득실 이차자종

선생은 어디 사람이지 이름이나 자가 무엇인지조차 알 수 없다. 집 주변에 버드나무 다섯그루가 있어 오류선생이라 호를 붙여 부를 뿐이다. 천성이 조용하고 온순해 평소에 말이 적으며 세간의 낙리를 마음에 두지 않는다. 독서를 좋아하되 어려운 대문을 굳이 깊이 풀려하지 않고 읽다가 마음에 합하는 구절이 있으면 몹시 기뻐

하며 밥먹는 일 조차 잊곤 한다.

천성이 술을 즐기지만 집이 가난하여 마시고 싶을 때마다 늘 마실 수는 없다. 친척이나 벗이 이러함을 알고 술을 준비해 선생을 부르면 선생은 가서 취하기까지 다 마셨다. 한껏 취하면 물러가는데 가고 머뭄에 애착이 전혀없어 단지 그때그때의 흥에 따를 뿐이다. 선생의 거처는 작으마한 쓸쓸한 집으로 바람과 햇빛도 가릴 수 없다. 짧은 베잠방이는 뚫어져 꿰매 입었고 밥그릇과 표주박에 물마저도 자주비어 끼니거르기가 예사이나 태연히 생활을 즐긴다, 항시 문장 짓기를 즐겨 자기의 뜻을 나타내고 생각에 이해득실을 잊고 스스로 즐거워 하며 살다가 세상을 떠났다.

5) 歸去來辭(귀거래사)

歸去來兮 田園將蕪胡不歸 旣自以心爲形役
귀거래혜 전원장무호불귀 기자이심위형역
奚惆悵而獨悲 悟已往之不諫 知來者之何追
해추창이독비 오이왕지불간 지래자지하추
寔迷途其未遠 覺今而昨非 周搖搖輕颺
식미도기미원 각금이작비 주요요경양
風飄飄而吹衣 問征人以前路 恨晨光之熹微
풍표표이취의 문정인이전로 한신광지희미
乃瞻衡宇 載欣載奔 僮僕歡迎 稚子候門

내첨형우 재흔재분 동복환영 치자후문

三經就荒 松菊有存 携幼入室 有酒盈樽

삼경취황 송백유존 휴유입실 유주영준

引壺觴以自酌 眄庭柯以怡顔 倚南窓以寄傲

인호상이자작 면정가이이안 의남창이기오

審容膝之易安 園日涉已成趣 門雖役而常關

심용슬지이안 원일섭이성취 문수역이상관

策扶老以流憩 時矯首而霞觀 雲無心以出岫

책부노이류게 시교수이하관 운무심이출수

鳥倦飛而知還 景翳翳而將入 撫弧松而盤桓

조권비이지환 경예예이장입 무호송이반환

歸去來兮 請息交以絕游 世與我而相遺

귀거래혜 청식교이절유 세여아이상유

復駕言兮焉求 悅親戚之請話 樂琴書以消憂

부가언혜언구 열친척지청화 낙금서이소우

農人告余以春及 將有事于西疇 或命巾車 或棹孤舟

농인고여이춘급 장유사우서주 혹명건차 혹도고주

旣窈窕以尋壑 亦崎嶇而經丘 木欣欣以向榮

기요조이심학 역기구이경구 목흔흔이향영

泉涓涓而始流

천연연이시류

돌아가야지 전원이 묵혀지는데 어찌 가지 않으리 이제껏 스스로 마음으로 몸을 섬겼는데 무얼 후회하고 슬퍼하리. 지난일은 바로 잡을 수 없어도 장래일은 바로 할 수 있음을 알았노라.

실로 길을 잃고 헤매긴 했으나 더 멀리 가지 않고 돌이킬 수 있었으니 이제부터가 옳고 어제까지가 잘못이었음을 분명이 깨달았노라

배는 가벼이 흔들리고 바람은 옷깃을 스치누나 길손에게 어둔 앞길 물어가는데 새벽빛이 밝지않아 조바심이 난다.

이윽고 누추한 집을 바라보며 기뻐 달려가니 동복이 반갑게 맞이하고 아이들은 문에서 기다린다. 정원 길은 거칠어졌어도 소나무와 국화는 그대로 있구나 어린것들을 이끌고 방으로 들어가니 술이 통에 차있다. 술병과 잔을 끌어당겨 혼자서 잔질을 하고 정원 나뭇가지를 바라보니 기쁜 표정 짓는다. 남창에 기대어 이런저런 생각하며 회포를 푸니 간신히 들어올 자그마한 집이지만 편안하구나. 정원을 날마다 거닐어도 정취가 늘 살아나고 문을 달아놓았으나 늘 닫힌채 있다. 지팡이 끌고 이곳저곳 마음대로 다니다 쉬며 때론 고개 들어 먼 곳을 바라본다.

구름은 무심히 산골짝에서 일어나고 새도 날다 지치면 보금자리로 돌아올 줄 아는구나. 저녁 해 어둠히 서산으로 기우는데 외로운 소나무 어루만지며 그 주위를 서성인다.

돌아와야지 이제 교제를 쉬고 노는 것을 끊으리 세상과 나와는 서로 잊어버리자 다시 가마에 올라 무얼 구하랴

친구들의 진정한 이야기 즐겨듣고 거문고와 책을 곁에 두어 우수를 날려 없애리. 농부가 내게 봄이 왔음을 알린다.

이제 서쪽 밭에 일이 일겠지. 혹은 수레를 타고 혹은 배를 저어 저 구불구불한 골짜기를 찾아가고 높고 낮은 언덕들을 지나서 산과 내의 경치를 즐기리. 나무들은 생기가 돌아 꽃이 피려하고 샘은 솟아 물이 흘러넘친다.

부록

1. 십우도
2. 경혈찾기

1. 十牛圖

1. 소를 찾아 헤매다(尋牛)

우거진 수풀 헤치며 소를 찾아 나섰으나
물은 넓고 산은 깊어 갈수록 험하구나.
몸은 고달프고 마음은 지쳤으나
소는 어디에도 보이지 않고,
매미 울음만 귀에 가득하네.

주해

소의 고삐는 이미 내 손을 떠났다. 잃어버린 소를 찾기 위해서는 어떻게 해야 하나? 왜 소를 찾을 수가 없나? 그것은 오직 한 가지 이유뿐, 자기의 참된 본성에서 분리되어 살기 때문이다. 어지러운 세상 그림자에 현혹되어 소의 발자취마저 잃어버렸다.

갈 길은 멀고 또 수많은 갈림길이 눈앞에 있으나, 어느 길이 집으로 통하는 길인지 알 수가 없다. 욕망과 공포, 선과 악의 소용돌이가 나를 휘감고 있다.

2. 소의 발자국을 발견하다(見跡)

강둑에 늘어선 나무 아래서
나는 보았네, 그리도 찾아 헤매던 소의 발자국을!
그러하니 꽃향기 날리는
풀숲을 뒤진들 무슨 소용이 있으랴.
아무리 깊고 깊은 산이라 한들
얼굴에 붙어 있는 코를 감출 수 없듯이
소 발자국을 숨길 수는 없네.

주해

스승의 가르침에 힘입어 나는 비로소 소 발자국을 발견한다. 그리고 깨닫는다. 동일한 쇠붙이에서 여러 가지 기구가 만들어져 나오듯이, 동일한 실재인 자아에서 여러 가지 현상의 자기가 파생되어 나오는 것임을. 날카로운 분별력이 없이는 현상으로부터 실재를 찾아낼 수가 없다. 나는 오직 스승과 같은 경지에는 이르지 못했지만, 어느 길이 옳은 길인지는 분별하게 되었다.

3. 소를 발견하다(見牛)

꾀꼬리는 청아하게 우짖고
따뜻한 햇볕과 부드러운 바람에
강변 수양버들 푸르게 너울댄다.
세상이 이렇게 아름다운데
숨어 있을 수 있는 소가 있겠는가!
아아, 어떤 화가가
그 묵직한 머리며,
그 늘름한 뿔을 그려낼 수 있을까?

주해

귀를 기울이노라면 그 소리가 어디에서 비롯된 것인지 근원을 느낄 수 있다. 육감(六感) 전체가 동시에 각성되면 이미 문에 들어선 것이다.

어느 길로 들어오든, 일단 문 안에 들어서면 소의 머리는 나타난다. 소는 애당초 밖에 있었던 것이 아니다. 소는 항상 문 안에 있었다. 물 속에 녹아있는 소금이나 물감 속 색채와 같이 소는 항상 내 안에 있었다.

4. 소를 잡다(得牛)

격렬한 싸움 끝에 간신히 코를 꿰었건만
굳센 의지와 사나운 힘은 꿸 수가 없네.
언덕 위로 끌려 올라올 때도 있지만
또 다시 안개 속으로 모습을 감춰 버리네.

주해

소는 내내 숲 속에 살고 있었지만, 나는 오늘에야 그를 잡았다! 그 동안 현란한 숲의 경치에 마음이 흘러 소가 뛰어간 길을 찾아내지 못했다.
내 마음 속의 소는 아직도 맛 좋은 풀을 찾아 헤매고 있다. 아직도 고집이 세고 제멋대로다. 그러니 그를 굴복시키려면 채찍을 휘두르지 않을 수 없게 되었다.

5. 소를 길들이다(牧牛)

채찍과 고삐 잠시도 늦출 수 없네,
진흙탕 길에서 또다시 헤맬까 싶어.
서로가 익숙해져 하나가 되면
고삐를 안 잡아도 저절로 따르련만.

주해

하나의 사념이 떠오르면, 잇달아 다른 사념들이 줄을 잇는다. 첫 번째 사념이 깨달음으로부터 솟아오르는 것이라면, 그 뒤에 따라오는 모든 사념들은 참다운 것이다. 첫 번째 상념이 망상에서 비롯된 것이면, 그 뒤의 모든 상념도 망상이다. 망상은 객관적인 사물 때문에 생기는 것이 아니다. 망상의 원인은 자기 자신에게 있다. 고삐를 움켜쥐고 외부의 현상에 현혹되지 말라.

6. 소를 타고 집으로 돌아오다(騎牛歸家)

소등에 올라앉아 느릿느릿 집으로 돌아오니
피리 소리 울려퍼져 저녁노을 붉게 탄다.
흥에 겨워 박수 치며 부르는 노래
알아들을 이 없어 홀로 즐기네.

주해

소와의 싸움은 끝났다. 그러나 이긴 자도 없고 진 자도 없다. 나는 산골 나무꾼의 노래를 피리에 싣는다. 소 등에 걸터앉아 저 멀리 흰 구름을 바라보며, 뒤에서 누가 아무리 부르더라도 앞으로 앞으로 나아간다.

7. 소를 초월하고 나만 남다(忘牛存人)

소 등에 올라앉아 집으로 돌아오니
어느 새 소는 없고
나만 남아 평화를 노래부른다.
중천에 해 떠서야 잠에서 깨어나니
채찍 고삐 부질없이 외양간에 걸려 있네.

주해

모든 것은 하나다. 우리는 편의상 소를 주제로 택했을 뿐, 소와 내가 둘이 아니다. 그것은 토끼와 덫, 혹은 물고기와 그물의 관계와 같은 것이다. 또는 광석 속의 금과 찌꺼기, 혹은 구름 속에 감추어진 달과 구름의 관계와도 같다. 오직 한 줄기 밝은 광선만이 끝없는 시간을 관통하여 흐르고 있다.

8. 소와 나를 모두 초월하다(人牛俱忘)

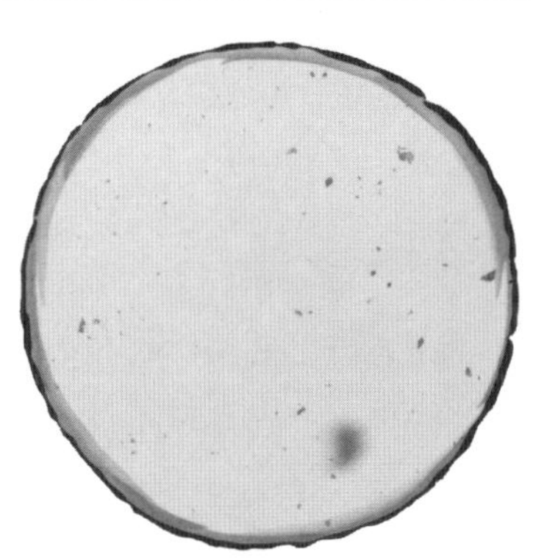

채찍, 고삐, 소, 그리고 나…
모든 것을 다 잊으니
푸른 하늘 광대하여 끝이 없구나.
타오르는 불꽃 위에 눈송이가 어찌 머물랴.
이 하늘, 이 불길 속에
스승의 발자취가 있도다.

주해

일상적인 것들은 사라져버렸다. 마음은 한없이 맑고 투명하다. 이제는 깨달음을 추구하지도 않지만, 깨닫지 못한 것도 없다. 나는 어떠한 상태에도 머무르지 않기 때문에 눈으로는 나를 보지 못한다. 수백 마리 새가 나의 길에 꽃을 뿌린다 해도, 그러한 찬미가 나의 마음을 동요시키지 않는다.

9. 근원에 도달하다(返本還源)

이렇게 다시 돌아올 것을
오랜 세월 방황했구나.
장님이나 귀머거리라도
그렇게 헤매이지는 않았으리라.
물은 저절로 흘러가고
꽃은 스스로 붉구나.

주해

처음부터 진리는 거울처럼 맑다. 나는 이제 고요한 평정 속에서 만물이 형성되고 해체되는 것을 그윽히 바라본다. 형상에 집착하지 않는 사람은 어떤 형상을 이루어내고자 애쓰지도 않는다. 물은 물, 산은 산이다. 저절로 창조되어 가는 것과 저절로 붕괴되어 가고 있는 것들을 나는 그저 바라볼 뿐이다.

10. 세상으로 돌아오다(人鄽垂手)

맨발에 가슴은 벌거숭이,
나는 다시 마을로 찾아든다.
때 찌든 누더기를 걸치고도
복에 겨워 콧노래를 부른다.
오래 살기 위해 도술을 부리지 않아도
봄이 오면 고목에 꽃이 피듯 하리라.

주해

내 나라에 살고 있는 천 명의 현자들도 나를 알아차리지 못한다, 나의 정원의 아름다움은 누구의 눈에도 띄지 않는다. 이제는 더 이상 다른 사람의 말을 인용할 필요가 없다. 나는 술병을 차고 시장 바닥으로 나가고 지팡이를 흔들며 집으로 돌아온다. 나는 이 술집 저 술집 시장 바닥을 쏘다닌다. 그리고 내가 바라보는 모든 사람은 깨달음을 얻는다.

십우도 글・그림

내면의 불꽃(정창영 역)

2. 경혈찾기

ㄱ		
각기팔처구		외혈
각손	6	삼초
간사	6	심포
간유	4	방광
강간	7	독ㄱ
거골	1	대장
거궐	7	임맥
거료	2	위
거료	5	담
건리	7	임맥
격관	4	방광
격유	4	방광
견료	6	삼초
견외유	3	소장
견우	1	대장
견정	3	소장
견정	5	담
견중유	3	소장
결분	2	위
경거	1	폐
경골	4	방광
경문	5	담
계맥	6	삼초
고방	2	위
고황	4	방광
곡골	7	임맥
곡빈	5	담
곡원	3	소장
곡지	1	대장
곡차	4	방광

곡천	5	간
곤택	6	심포
곤륜	4	방광
공손	2	비
공최	1	폐
관골		외혈
관문	2	위
관원	7	임맥
관원유	4	방광
관충	6	삼초
광명	5	담
교신	4	신
구로		외혈
구미	7	임맥
구허	5	담
구효		외혈
권료	3	소장
권첨		외혈
궐음유	4	방광
귀곡		외혈
귀래	2	위
규음	5	담
규음	5	담
극문	6	심포
극천	3	심
근축	7	독ㄴ
금문	4	방광
금진옥액		외혈
급맥	5	간
기문	2	비
기문	5	간

기사	2	위
기죽마혈		외혈
기천		외혈
기천		외혈
기충	2	위
기해	7	임맥
기해유	4	방광
기혈	4	신
기호	2	위

ㄴ		
낙극	4	방광
난미		외혈
내관	6	심포
내정	2	위
노궁	6	심포
노식	6	삼초
노유	3	소장
노회	6	삼초
뇌공	5	담
뇌호	7	독ㄱ
누곡	2	비

ㄷ		
단중	7	임맥
담유	4	방광
담천		외혈
대거	2	위
대골공		외혈

대도	2	비
대돈	5	간
대릉	6	심포
대맥	5	담
대영	2	위
대장유	4	방광
대저	4	방광
대종	4	신
대추	7	독ㄴ
대포	2	비
대혁	4	신
대횡	2	비
도도	7	독ㄴ
독비	2	위
독유	4	방광
독음		외혈
동자료	5	담
두유	2	위

ㅁ		
명문	7	독ㄴ
목창	5	담
미충	4	방광

ㅂ		
방광유	4	방광
백로		외혈
백충와		외혈
백호	4	방광
백환유	4	방광
백회	7	독ㄱ
병풍	3	소장
보랑	4	신
복결	2	비
복애	2	비
복참	4	방광
복토	2	위
본신	5	담
봉안		외혈
부극	4	방광
부돌	1	대장
부류	4	신
부백	5	담
부분	4	방광
부사	2	비
부양	4	방광
불용	2	위
비관	2	위
비근		외혈
비노	1	대장
비양	4	방광
비유	4	방광

ㅅ		
사관		외혈
사독	6	삼초
사만	4	신
사백	2	위
사봉		외혈
사신청		외혈
사죽공	6	삼초
사화		외혈
삼각구법		외혈
삼간	1	대장
삼양락	6	삼초
삼음교	2	비
삼초유	4	방광
상곡	4	신
상관	5	담
상구	2	비
상렴	1	대장
상렴	2	위
상료	4	방광
상성	7	독ㄱ
상양	1	대장
상완	7	임맥
석관	4	신
석문	7	임맥
선기	7	임맥
소골공		외혈
소락	6	삼초
소료	7	독ㄱ
소부	3	심
소상	1	폐
소장유	4	방광
소충	3	심
소택	3	소장
소해	3	소장
소해	3	심
속골	4	방광

솔곡	5	담
수구	7	독ㄱ
수도	2	위
수돌	2	위
수분	7	임맥
수삼리	1	대장
수천	4	신
숭골		외혈
슬관	5	간
슬상		외혈
슬안		외혈
승광	4	방광
승근	4	방광
승령	5	담
승만	2	위
승부	4	방광
승산	4	방광
승읍	2	위
승장	7	임맥
식두	2	비
신건		외혈
신궐	7	임맥
신당	4	방광
신도	7	독ㄴ
신맥	4	방광
신문	3	심
신문불합		외혈
신봉	4	심
신설		외혈
신유	4	방광
신장	4	신
신정	7	독ㄱ
신주	7	독ㄴ
신회	7	독ㄱ
심유	4	방광
십삼귀혈		외혈
십선		외혈
십이정혈		외혈
십칠추혈		외혈

ㅇ		
아문	7	독ㄱ
아시혈		외혈
액문	6	삼초
양강	4	방광
양계	1	대장
양곡	3	소장
양관	5	담
양관	7	독ㄴ
양교	5	담
양구	2	위
양로	3	소장
양릉천	5	담
양문	2	위
양백	5	담
양보	5	담
양지	6	삼초
어요		외혈
어제	1	폐
여구	5	간
여세		회혈
여슬		외혈
여태	2	위
연곡	4	신
연액	5	담
열결	1	폐
염천	7	임맥
영대	7	독ㄴ
영도	3	심
영향	1	대장
영허	4	신
예풍	6	삼초
오리	1	대장
오리	5	간
오처	4	방광
오추	5	담
오호		외혈
옥당	7	임맥
옥예	2	위
옥침	4	방강
온류	1	대장
완골	3	소장
완골	5	담
외관	6	삼초
외구	5	담
외로궁		외혈
외릉	2	위
외세		외혈
요기		외혈
요안		외혈
요유	7	독ㄴ
용천	4	신

욱중	4	신
운문	1	폐
위양	4	방광
위유	4	방광
위중	4	방광
위창	4	방광
유근	2	위
유도	5	담
유문	4	신
유부	4	신
유중	2	위
육지구		외혈
은교	7	독ㄱ
은문	4	방광
은백	2	비
음곡	4	신
음교	7	임맥
음극	3	심
음도	4	신
음렴	5	간
음릉천	2	비
음시	2	위
음포	5	간
응창	2	위
의사	4	방광
의희	4	방광
이간	1	대장
이내정		외혈
이문	6	삼초
이백		외혈
인당		외혈

인영	2	위
일월	5	담
임읍	5	담

ㅈ

자궁	7	임맥
자궁		외혈
장강	7	독ㄴ
장문	5	간
전간		외혈
전곡	3	소장
전정	7	독ㄱ
정궁		외혈
정명	4	방광
정영	5	담
제중사변		외혈
조구	2	위
조해	4	신
족삼리	2	위
족소지첨		외혈
주료	1	대장
주영	2	비
주첨		외혈
중괴		외혈
중극	7	임맥
중도	5	간
중독	5	담
중려유	4	방광
중료	4	방광
중봉	5	간

중부	1	폐
중완	7	임맥
중저	6	삼초
중정	7	임맥
중주	4	신
중천		외혈
중추	7	독ㄴ
중충	6	심포
중풍칠혈		외혈
지구	6	삼초
지기	2	비
지실	4	방광
지양	7	독ㄴ
지오회	5	담
지음	4	방광
지정	3	소장
지창	2	위
질변	4	방광

ㅊ

차료	4	방광
찬죽	4	방광
척중	7	독ㄴ
척택	1	폐
천계	2	비
천돌	7	임맥
천료	6	삼초
천부	1	폐
천식		외혈
천용	3	소장

천유	6	삼초
천정	1	대장
천정	6	삼초
천종	3	소장
천주	4	방광
천지	6	심포
천창	3	소장
천천	6	심포
천추	2	위
천충	5	담
첩근	5	담
청궁	3	소장
청랭연	6	삼초
청령	3	심
청회	5	담
축빈	4	신
충문	2	비
충양	2	위

ㅌ		
태계	4	신
태단	7	독ㄱ
태백	2	비
태양		외혈
태연	1	폐
태을	2	위
태충	5	간
통곡	4	방광
통곡	4	신
통리	3	심
통천	4	방광

ㅍ		
팔사		외혈
팔풍		외혈
편력	1	대장
폐유	4	방광
포문		외혈
포황	4	방광
풍륭	2	위
풍문	4	방광
풍부	7	독ㄱ
풍시	5	담
풍지	5	담

ㅎ		
하관	2	위
하렴	1	대장
하렴	2	위
하료	4	방광
하완	7	임맥
학정		외혈
함곡	2	위
함염	5	담
합곡	1	대장
합양	4	방광
해계	2	위
행간	5	간
현로	5	담
현리	5	담
현종	5	담
현추	7	독ㄴ
혈해	2	비
협거	2	위
협계	5	담
협백	1	폐
호구		외혈
혼문	4	방광
화개	7	임맥
화료	1	대장
화료	6	삼초
화타협척		외혈
환도	5	담
환문		외혈
환중		외혈
활육문	2	위
황문	4	방광
황유	4	신
회양	4	방광
회음	7	임맥
회종	6	삼초
횡골	4	신
후계	3	소장
후정	7	독ㄱ
흉향	2	비

<경혈도(經穴圖) 요약>

1. 폐경, 대장

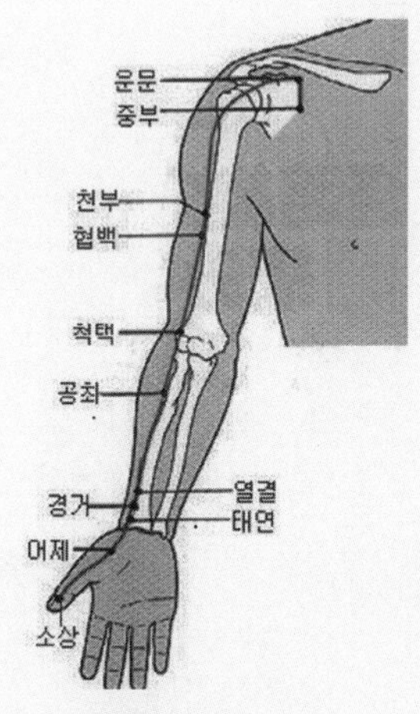

그림 1.수태음폐경

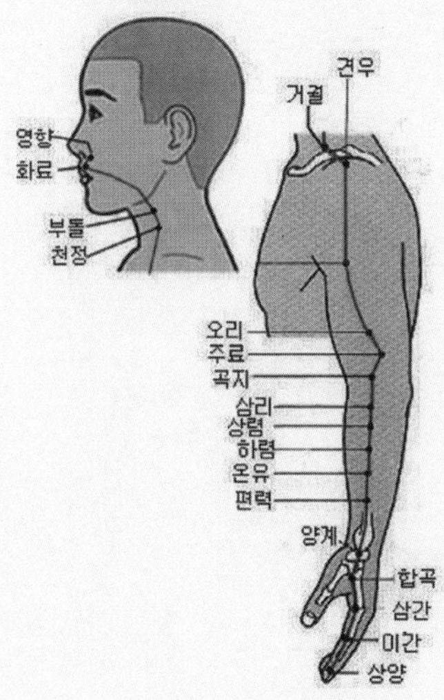

그림 2. 수양명내장경

2. 비, 위

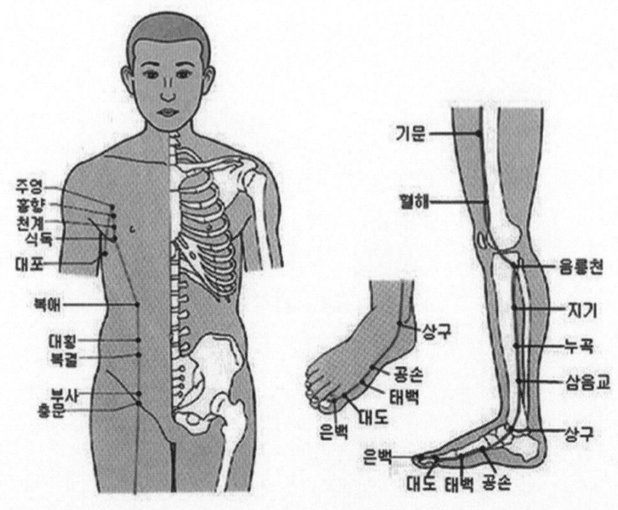

그림 3. 족태음비경

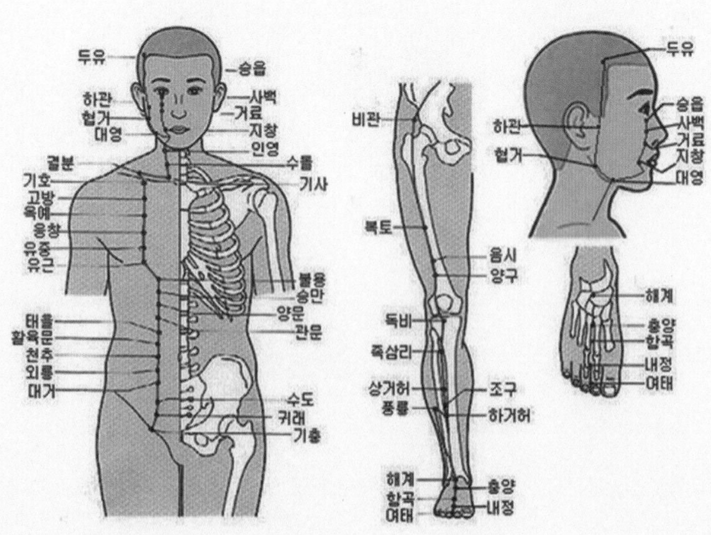

그림 4. 즉양명위경

3. 심, 소

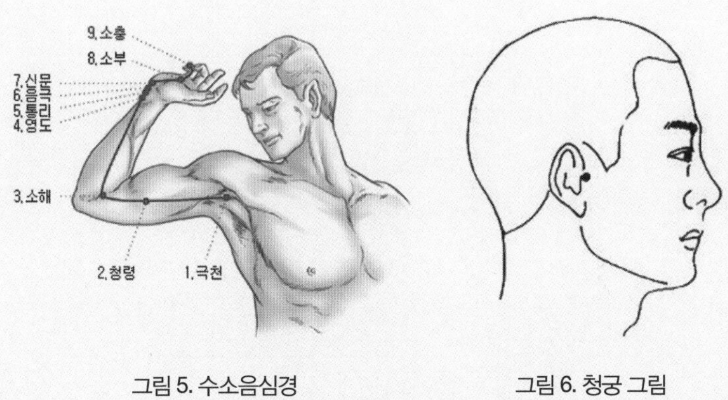

그림 5. 수소음심경

그림 6. 청궁 그림

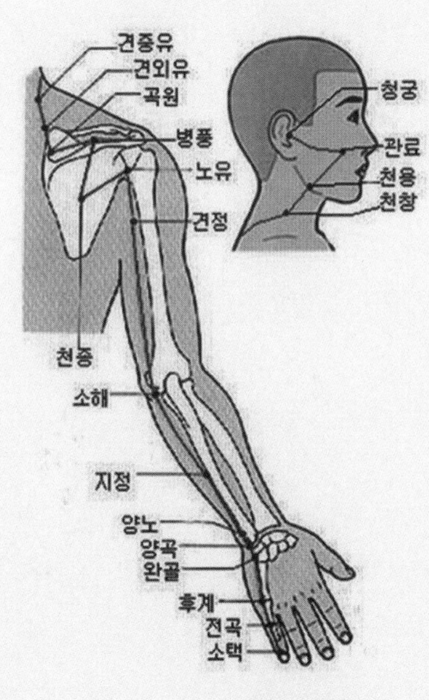

그림 7. 수태양소장경

4. 신

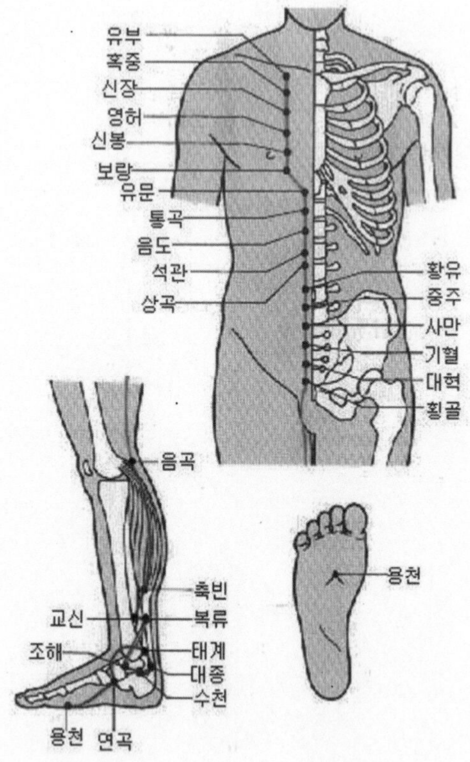

유부
혹중
신장
영허
신봉
보랑
유문
통곡
음도
석관
상곡
황유
중주
사만
기혈
대혁
횡골
음곡
용천
축빈
교신
복류
조해
태계
대종
수천
용천
연곡

그림 8. 족소음신경

<방광>

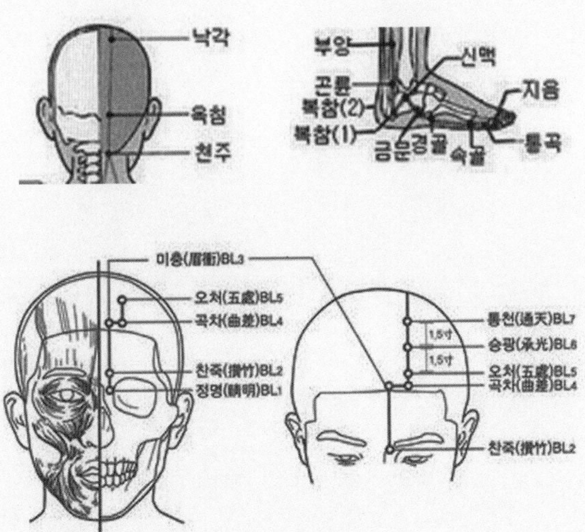

그림 9. 족태양방광경

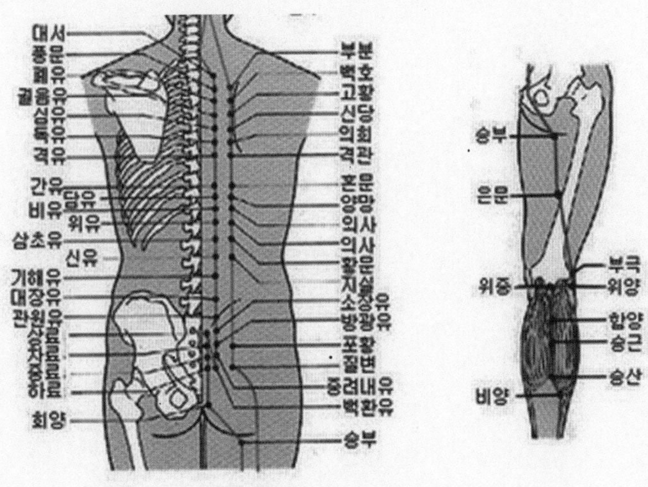

그림 10. 족태양방광경

5. 간, 담

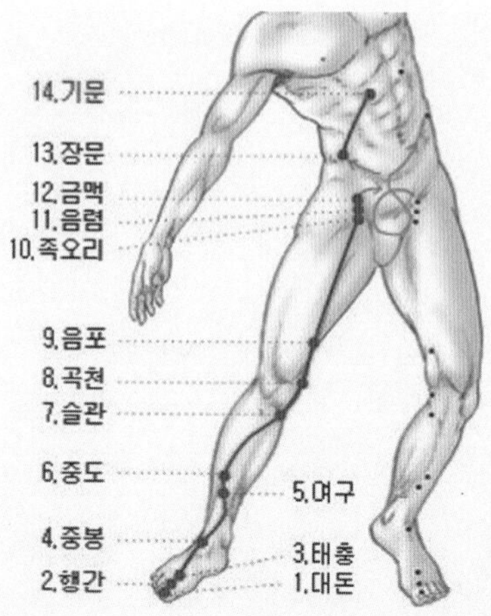

그림 11. 족궐음간경

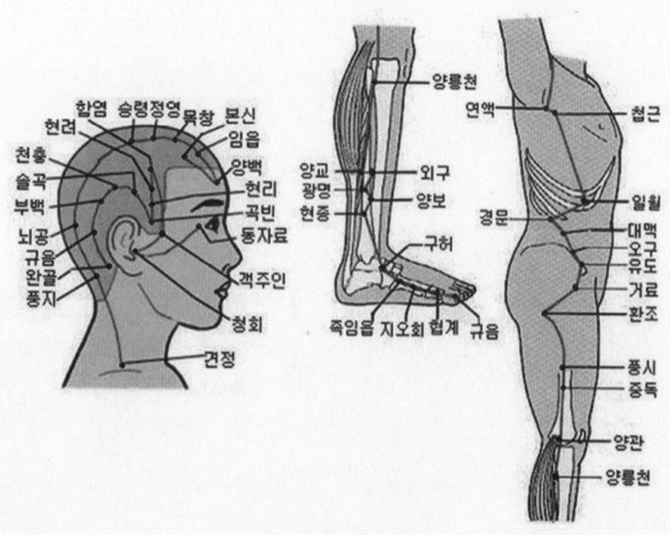

그림 12. 족소양담경

6. 심표, 삼초

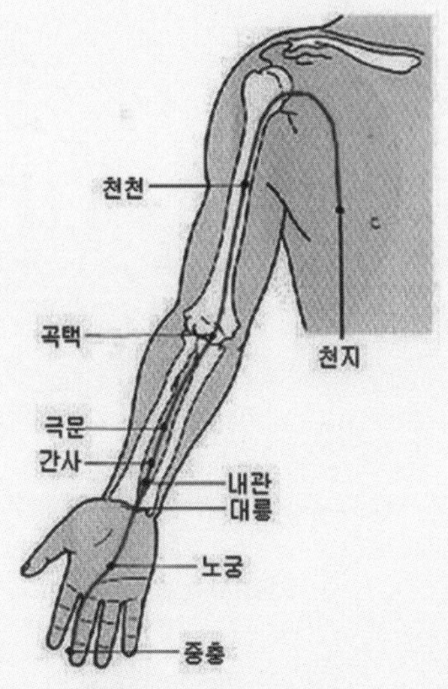

그림 13. 수궐음심포경

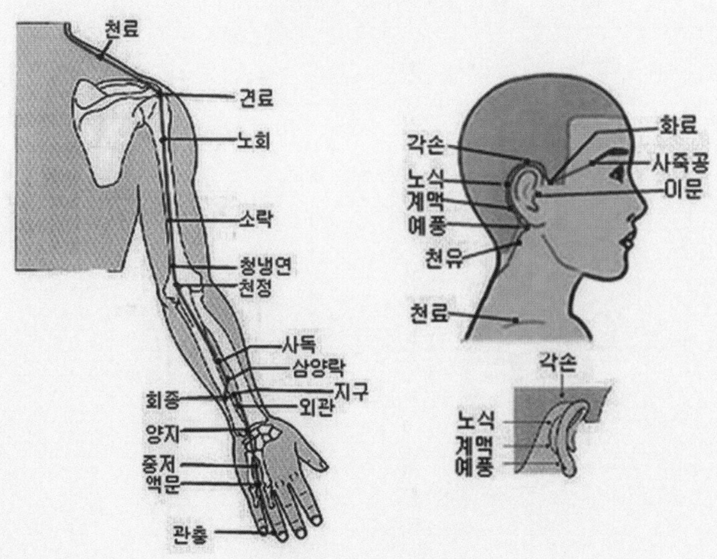

그림 14. 수소양 삼초경

7. 임맥, 독맥-ㄱ, 독맥-ㄴ

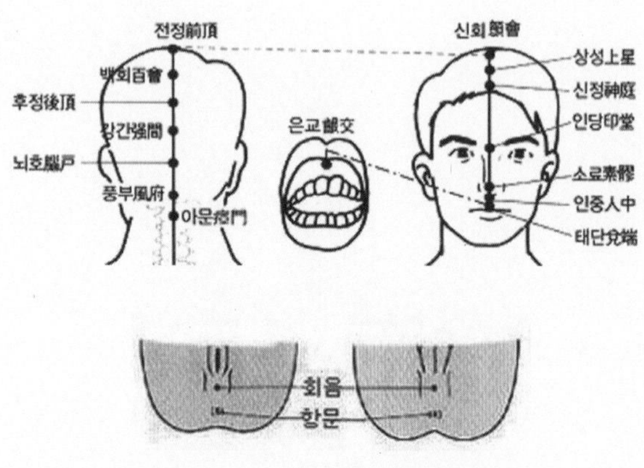

그림 15. 독맥-ㄱ

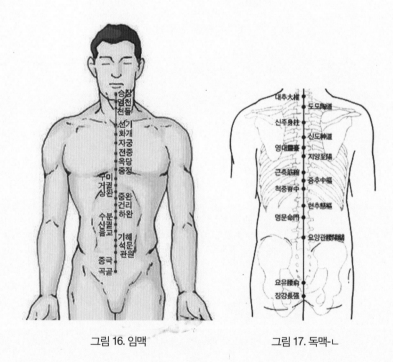

승장
염천
천돌
선기
화개
자궁
전중
옥당
중정
구미
거궐
상완
중완
건리
하완
수분
신궐
음교
기해
석문
관원
중극
곡골

그림 16. 임맥

대추大椎
도도陶道
신주身柱
신도神道
영대靈臺
지양至陽
근축筋縮
중추中樞
척중脊中
현추懸樞
명문命門
요양관腰陽關
요유腰俞
장강長强

그림 17. 독맥-ㄴ

◈◈◈ 多勿 학당 안내 ◈◈◈

서구의 지식인들은
지구촌 몰락의 위기의식
가운데 기존의 종교와 사상을 버리고
동양의 지혜를 기웃거리며 밀려오는데
인류의 시원인 한민족 동이는
우리의 얼을 잃은 채
저들이 버린 것을 뒤쫓아서
어딜 가나요.

多勿 / 잃은 것을 되찾자는 고구려의 국시

• 모임 : 매주 일요일 오후3~5시
• 문의 : 010-4542-3999

多勿학당에 오시면

- 질병이 사라집니다.
- 악운이 사라집니다.
- 생노병사를 초월합니다.
- 대자유를 얻습니다.
- 제 종교를 관통합니다.

多勿학당 소프트웨어

- 眞息 호흡바로하기
- 眞生 바로 살기
- 重生 거듭남, 깨달음
- 醫通 질병초월
- 脫法 세상초월
- 通絡 경락열림
- 常春 늘봄

多勿학당 經傳

요한복음, 도마복음,
반야심경, 도덕경,
격암유록, 천부경,
삼일신고

깨어라 날아라

求道의 종착지

발행일 | 2015년 7월 17일
지은이 | 김대원
발행인 | 소재열
발행처 | 도서출판 말씀사역
등록번호 | 제2-832호
주소 | 경기도 고양시 일산동구 장항동 854-1
내용문의 | 전화 : 010-4542-3999
ISBN | 978-89-87446-41-7